Lúcia Helena Galvão

Instantes de um tempo interior

Literare Books
INTERNATIONAL
BRASIL · EUROPA · USA · JAPÃO

CB035298

Copyright© 2023 by Literare Books International
Todos os direitos desta edição são reservados à Literare Books International.

Presidente:
Mauricio Sita

Vice-presidente:
Alessandra Ksenhuck

Chief product officer:
Julyana Rosa

Diretora de projetos:
Gleide Santos

Capa, diagramação e projeto gráfico:
Gabriel Uchima

Revisão:
Rodrigo Rainho

Chief sales officer:
Claudia Pires

Impressão:
Printi

Dados Internacionais de Catalogação na Publicação (CIP)
(eDOC BRASIL, Belo Horizonte/MG)

G182i Galvão, Lúcia Helena.
Instantes de um tempo interior / Lúcia Helena Galvão. – São Paulo, SP: Literare Books International, 2023.
16 x 23 cm

ISBN 978-65-5922-532-3

1. Literatura brasileira – Poesia. I. Título.

CDD B869.1

Elaborado por Maurício Amormino Júnior – CRB6/2422

Literare Books International.
Alameda dos Guatás, 102 – Saúde – São Paulo, SP.
CEP 04053-040
Fone: +55 (0**11) 2659-0968
site: www.literarebooks.com.br
e-mail: literare@literarebooks.com.br

SUMÁRIO

A Apolo 9

A Artemis 11

A Bailarina 12

A Cibeles 13

A Cor e as Cinzas 15

A Eros 17

A Heitor de Tróia 19

A Michel Echenique 21

A Mary Elizabeth Haskell 23

A natureza extraordinária da Vida 26

A Trilha do Discípulo (canção) 28

A Voz da Mestra 30

A flor que desabrocha depois da tormenta... 31

A manhã virá 33

Fogo 34

A um Jovem 35

A um Mestre que me falou sobre o Discipulado 37

Azul 38

Aceitação 39

Ainda não 42

Anandamayakosha 44

Anonimato 46

Ao Divino Cortejo de Apolo 48

Ao Sol 49

Aos Mestres que Marcham na Noite 50

Aos meus tetranetos 51

Apelo da Alma 52

Apelo de Deméter aos Homens 54

As estrelas e o tempo 55

Atena e Afrodite 56
Aurora Sagrada...58
Brasília...59
Buscai a Gota D'água (canção) 61
Camelot (canção) 62
Cantiga de uma noite com estrelas...................................63
Canto de Psiquê para Eros 64
Canto à Justiça Futura..66
Canção Matinal dos Pássaros...68
Canção a Ceres...69
Canção a Ísis 70
Canção ao Valor... 71
Canção de Tróia..72
Quando as carpas viram dragões......................................74
Castor...76
Cisnes...78
Citrinitas 80
Coerência 82
Coincidentia Oppositorum...83
Como (não) exterminar um idealista 84
Como sempre, à Beleza..86
Confiança...87
Conhece-te em tua dor...88
Contigo através da noite 89
Contradança 90
Coração.. 91
Cruzeiro do Sul..93
Culpa e Redenção...95
Da Criação 97
Decolagem 98
Diante de uma Dama.. 100
Em tua mensagem...102

Engenharia 105

Enviai-me um pássaro..107

És como o Vento..108

Esboço de Teofania 109

Eu creio em mitos... 111

Existe Amor! 113

Fausto 115

Feliz Natal..116

Fresta 117

Fôlego...118

Geração Redentora..120

Gilgamesh...121

Gratidão 123

Herança 124

Heróis e Poetas... 126

Hino a Helena Blavatsky... 127

Homenagem a João Pessoa 128

Humildade.. 129

Identidade 130

Idílio de um Amor que sonha com Eternidade.................131

Inverno 133

Jaya!.. 134

Lar... 135

Lamento de Deméter por Perséfone 137

Liberdade... 138

Litania a Atena 140

Lápide dos Filhos de Atena 141

Mais uma vez a Beleza.. 142

Mariposa.. 143

Meu Corpo..145

Missão Marítima..148

Mistérios..149

Morte matuta......151
Muitas vozes, minha voz......154
Natal......156
Natal Matuto......158
Natureza Humana......160
Nau dos sonhos......161
Não fale com estranhos......162
"O Choro pode durar uma noite......164
O Homem Velho......165
O que são os mestres?......167
O que tenho para te oferecer......168
Outono......170
Observações matinais......171
Oferenda......172
Oração do Jovem......174
Osíris......176
Pequena balada da dama (canção)......177
Padrão Infinito......178
Palavra......179
Papai Noel......181
Para Maria Callas......182
Para os que me presentearam flores......183
Parabéns!......185
Páscoa......186
Pela fresta da janela da minha alma, eu vejo......188
Pequena Canção à Grande Mãe......189
Pequena caixa de joias de Vênus......191
Perdão......192
Poema Matuto......194
Poesia Taoísta......196
À Musa Polímnia, a dos Hinos Sagrados......198
Por Beslan......199

Por me dares à luz, outra vez...201
Portais...204
Prece...205
Prece pela Poesia 206
Primavera..207
Primavera Eterna (canção).......................................209
Primordial Presença..210
Prudência..212
Quixotes 213
Reconciliação 216
Reencontro..219
Renovação...221
Resgate 223
Rumo ao Herói (canção)...225
Segredo...227
Sem Reservas 228
Sentimentos 230
Serenidade 231
Silêncio...233
Simplicidade 235
Solilóquio..238
Sondando os segredos do Amor 240
Sonhos..241
Sonhos e anseios do meu Amor................................243
Síntese..244
Terra Mater..245
Triplo Logos 246
Um sentimento em três estrofes...............................248
Vagos Acordes..249
Valerá...250
Valkíria 252
Verão - Poemas das Estações...................................254

Via Aérea...256
Viajante a Esmo 258
Vitriol...259
Votos...261
Votos para o Ano Novo 262
Várzea...264
Voo...265
À Virgem..267
Às Mulheres...269

A Apolo

Pressinto em mim o emergir de Delos,
sagrada ilha flutuante
a quem nenhuma corrente
logrou reter, em seus elos...

Poseidon, do Oceano Profundo,
Soberano das águas do mundo,
permitiu que ela em mim aflorasse,
concedeu-a como fosse um dom.

Minha Alma, Delos, veio à tona...
Coração por trás do coração,
vibração que ao terrestre impulsiona,
e que o Deus, em mim, leva à ação.

As dores de Leto, à palmeira enlaçada,
são sinais da Luz que aspira a nascer...
Em Delos, o Deus anuncia a chegada,
das dores mais árduas, o parto do Ser...

Mas eis que Hera sempre exige a espera:
pois o protocolo da Deusa,
severa mãe de todo Herói,
mil provas enumera antes do fim...
Pequenas provas ante o herói do mito,
mas quase um infinito para mim...

Enquanto o nascimento não se opera,
sonho com a luz do Hiperbóreo, que virá,
sonho com o Templo que Ele erguerá,
tornando Delos terra nobre e sagrada,
ponto central de todas energias,
ponto final de todas caminhadas.

A Serpente que me ronda, incansável,
Grandiosa Píton, será submetida...
Ante a Luz, de fugaz, será estável,
E os seus vapores serão
para sempre, desde então,
fonte de inspiração em minha vida.

E quando o Deus se afastar,
navegando nos céus, a migrar
às distantes terras frias,
ao Seu lado, de um outro calor vou provar.
E quando Ele voltar, em seu Cisne Solar,
cálida, a Alma emprestará calor ao Dia...

E dançarei com as Musas no Helicon,
e a voz do Deus desdobrar-se-à em sons,
numa espiral de harmonia, rumo aos céus,
E, em Castália, baixarei meus véus
e aplacarei a sede da minha alma
ouvindo as vibrações da Voz do Deus.

Tudo isso serei eu, quando, cumpridos
todos os justos desígnios de Hera,
tiver findado a dolorosa espera...
Vencido o algoz, as trevas da ilusão,
concluído o rito em Delos-coração,
virá à luz, em mim, o amado Deus...

E, como proclamado desde as eras,
o tempo explodirá em primaveras...

A Artemis

Diante do fogo que brilha no meio da noite,
eu busco encontrar tua Face, ó Deusa Diana.
Qual a Luz do Dia, Sem Polos, Eterna e Radiante,
de igual natureza é a Deusa, Noturna e Arredia.

No meio das trevas, relembras o gêmeo Apolo,
és Luz presa ao barro da tênue e fugaz lamparina.
és Lua, mensagem do Sol que, em meio à penumbra,
deslumbra com a forma brilhante, sutil, feminina.

Ó Virgem que aplacas e animas a informe matéria,
aquela que se desintegra quando tu te afastas
e que se organiza se dela tu te aproximas.
Contudo, apesar do pulsar deste eterno contato,
és Virgem, e desta Matéria não te contaminas.

Além do que nasce e do que se destrói, permaneces,
pois Zeus concedeu-te a eterna pureza intocável.
Mas, mesmo intocável, de dentro de mim, Tu me aqueces...
És Chama Ardente no meio da noite tão fria.

Mas quando eu cessar de espelhar-me nas sombras da noite
e partir em busca de meu nome Oculto e Divino,
é ao teu encontro que irei, certamente, Diana,
Ó Ígnea Dama, Ó Deusa Irmã-Luz do Dia.

A Bailarina

Não esquecerei a visão da bailarina,
de porte altivo, dominando a cena,
passos graciosos e olhar tão vivo,
gesto expressivo e face tão serena.

Mas, de repente, ela fixa um ponto
e gira e gira, como uma menina,
e apesar de encerrar com graça e encanto,
perde o equilíbrio ao se erguer, quando termina.

Sei que, sem ter tanta beleza nos meus atos,
tenho caído também, se gira a vida,
numa harmonia frágil, refletida
num ponto externo, incerto e inexato.

Alguém mostrou-lhe que, buscando um ponto interno,
iria manter-se de pé, posto que é certo
que, enquanto algo em nós decai, qual pleno inverno,
há algo que vibra qual verão, vivo e desperto.

Consulto a voz que me fala ao coração,
e ela me informa que decerto é preciso
admitir que o ponto externo vá ao chão
para dar vida ao ponto eterno ao qual eu viso.

Sei que, um dia, girará a bailarina
com o apoio único da sua própria essência.
Mas sei também que engana a aparência,
e já não é seu aquele corpo que ali gira.

Pois já não crê no ponto imaginário,
e vê girar a vida, a bailarina.
Já que algo eterno, por trás deste cenário,
vai estar de pé ao se fecharem as cortinas.

A Cibeles

Magna Mater, Senhora dos Leões,
que a fúria pacificas,
Tu reinas sobre as duradouras construções
e as torres edificas,
para a mais elevada visão,
perante a qual se vê o homem e o leão,
e o Deus, em nós, se reconhece e identifica...

Jamais esqueces daqueles que a ti recorrem,
pois domesticas, eficaz, todas as feras
no humano coração,
e, dóceis, servem, ao teu carro, de tração,
e os heróis, ante tua Imagem,
desvelam em si os teus aurigas, soberanos.

O Deus de Nisa, ao percorrer, insano,
a terra inteira, a procurar abrigo
contra os desígnios de Hera e seu castigo,
que buscam distinguir mortal e imortal,
achou na Frígia o remédio ao seu mal,
a lucidez da tua Luz que o Theos exige,
o Entusiasmo e a vertigem
deste encontro Maternal
de todo Ser ao rastrear a sua origem

Rainha da Terra, guardas dons dentro de um cone,
a abundância da riqueza espiritual,
pois que o cone, a trindade em um mundo esférico,
não oferece uma riqueza trivial,
mas algo sutil e etérico.

em cuja busca, ao mergulhar, sóbrio e profundo,
tocamos os umbrais de um outro mundo:
a Unidade.

Senhora Guardiã da Magna Verdade,
vês que Dionísio, o teu filho espiritual,
mata os Titãs ao encarnar-se em leões
e estas forças, fielmente, o obedecem...
E à Ariadne, que o fio argênteo tece,
Ele recolhe em Naxos, e então, a desposa.

E seus atores, em versos e em prosa,
desfilam sobre o palco grego, em festivais,
sempre com a máscara do Deus, não de mortais.

Abdicar de obras vãs, domar suas feras,
renunciar a gerar frutos de estação,
qual Átis o fizera,
e erguer as torres verticais, sóbrios caminhos
no êxtase de unir inverno e primavera,
No Fogo que percorre o corpo, como Vinho,
No sangue que arde e verticaliza a Vida,
Na lucidez de teus Mistérios, que esperam
Ao aprendiz que chega aos pés do Monte Ida.

Io Cibeles, Io Crômios, Io Dendrites!
Que possa o teu Magno Labor me iluminar,
E, qual machado, possa eu podar desejos,
Ó Grande Mãe...
Tirando vendas, alcançar ver mais que vejo,
tirando travas, ousar diluir limites...

Que tua máscara honre minha face, ó Deus de Nisa!
Que o néctar destas uvas em que a vida pisa
Seja de pura e de mais ígnea sobriedade,
Que, ao me perceber
alto, desde a torre de Cibeles,
que eu veja tua Pele sobre minha pele,
e a embriaguez do aroma intenso da Verdade.

A Cor e as Cinzas

Pobre homem preso,
inerte e envolvido
por um espesso cortinado,
cinzento manto
que marca os limites de seu mundo.

Pobre homem só,
tão frágil e oscilante,
reflete, qual um espelho,
o cinza que há à sua volta
no que pensa e no que sente.

Pobre homem que crê
que o homem é só foz e não fonte,
onde desemboca o cinza
e não nasce o luminoso
e nem germina o brilhante.

Colorido pelo meio,
sentido ao invés de sentir,
pensado ao invés de pensar,
jamais ousa imaginar
que a cortina, sua muralha,
é só tênue e efêmero tecido.

Quem ousa dizer ao homem-cinza
que há cor atrás da cortina?

Não! contesta, de pronto,
nosso opaco semi-homem,
ávido em defender
sua pálida meia-vida.

Não! ecoa em uníssono
uma multidão cinzenta,
patética, padronizada,
para quem ecoar é mais fácil que escolher.

Respondem, ecoam e dão as costas
para a vida por trás da cortina,
e voltam a lutar entre si por migalhas
e voltam a trocar entre si sentimentos
sombrios e cinzentos.

Graças dão, os homens despertos,
porque a verdade nada deve à opinião da humanidade
e, por muitos que sejam os homens-cinza,
explode em luz e cor a Vida,
rompendo todos os limites,
rasgando todas as cortinas
daqueles que a querem ver.

Graças damos nós ao Universo,
pois existem, enfim, homens despertos,
e nem tudo está cinza e perdido.

A Eros

Os Deuses me enviaram o mais precioso dos presentes;
tornei-me anfitriã do mais ilustre visitante,
requinte dos requintes,
altivo e radiante,
poderoso Amor.

Vinho de nobre linhagem
vertido em tão rude Graal,
recusas os limites de teu pobre recipiente,
explodes em meu peito,
expandes minha vida para além de qualquer margem.

Ave de voo potente,
indomável, divina arte,
causas êxtase e vertigem
em quem tenta acompanhar-te.

Com tuas garras, dilaceras
o ousado portador
que anseia por contê-lo.
Dilacera-nos de dor,
e, ainda assim, como és Belo !

Não te vás nunca, Graça Divina,
tão grandioso sentimento
que atravessa todo o mundo,
impetuoso qual fosse o vento.

Se tu partires, não serei nada,
apenas ermo e vão castelo
onde a Psique, desconsolada,
chora a perda do Ser mais belo.

Fica, ainda que tu diluas
as margens deste meu coração
com seus limites imaginários.
És Alkahest, solvente universal,
dissolves o portador temerário
que ousa tentar te conter.

Eu te percebo, às vezes, árduo e cruel,
mas, ainda assim, te quero em minha vida.
Ainda que me negues tuas sombras neste mundo,
ainda que me cegues e exponhas minhas feridas,
ainda que não me dês nada, nada mais
senão o delírio de tua presença,
eu quero estar contigo.

Para quem te sonhou doce, és demasiado amargo,
para quem te crê frágil e lânguido,
és demasiado forte, viril e guerreiro.
Mas não há algo tão belo como és, no mundo inteiro.

Permite, Ser Divino, meu acesso a teu Séquito,
humilde e despojada de adornos que me impeçam de voar.
Toma-me em tuas garras,
cruzando os ares no ardor deste teu voo,
vendo o mundo a partir da altitude em que tu o vês,
vendo e amando o mundo através de teus olhos,
ainda que me dilaceres, desmontes e desfaças
e me reconstruas
na forma que escolheres para mim.

A Heitor de Tróia

Em elevadas muralhas, altivo,
vê-se o nobre e heroico troiano...
Eixo estável, tão firme e humano
tão digno, entre as paixões desta guerra...
Se outros tremem, em ânsia ou dor,
ou se outros há que renegam a sua terra,
quão pouco isso importa a Heitor...

É sentinela leal, silenciosa
do mais sincero e veraz sentimento,
guardião atento e servidor severo:
solidez da aceitação
da humana pequenez
e de sua árdua missão,
solene e sóbrio, sem ódio ou lamentos.

Que brilho falso abalará Heitor?
Que afeta a ele se os filhos dos deuses
lutam raivosos ou jogam, levianos?
Que importa a ele se oscilam e hesitam
tantos instáveis corações humanos?
Que importa ainda se os próprios Deuses
parecem omissos aos olhos da terra?

Sereno e justo na paz
e imperturbável na dor,
de trama ou traição, incapaz,
ou de hesitar pelos seus,
muralha altiva de amor
portal ao mais puro dos Céus
assim é teu peito, Heitor.

Seriam brigadas de honra criadas
se os homens sempre lembrassem teu nome...

E quantos Páris seriam perdoados,
e a redenção dada a quantos troianos
ao penetrar nessa fonte infindável,
o puro e nobre coração humano,
que é tua pátria, jamais invadida...

Ainda quando o mais feroz ardor
roube tua vida,
ainda quando o mais astuto ardil
tua terra invada,
já nem o ardor, nem o ardil, nem mais nada,
nada é potente contra o monumento
tão sólido e tão sublime, teu peito...

Tu és o filho da terra, perfeito
Para a história, és o áureo momento,
para esta terra, és o divino fruto.

Teu nome há de alimentar a fé no Homem...
Tua vida em nós sempre será luz e alento,
Tua morte em nós sempre será sombrio luto.

A Michel Echenique

Pae, foste cavalleiro.
Hoje a vigília é nossa.
Dá-nos o exemplo inteiro
E a tua inteira força!

Dá, contra a hora em que, errada,
Novos infiéis vençam,
A bênção como espada,
A espada como benção!

(Fernando Pessoa, D.AFFONSO HENRIQUES)

Pai, foste Guardião;
dá-nos tua bandeira;
que o porte seja a missão,
e tua arte, a companheira.

Pai, teu clarim dissemina,
tua voz ecoa, poderosa.
Teu riso ressoa e ilumina
e ensinas com tua vida honrosa.

Os teus filhos, como herança,
trazem brios, trazem brilho,
e o estandarte de esperança
mostra que avançam teus filhos.

Pai, tua benção é a Glória.
Tua intensa e plena entrega
dá-nos o dom da memória
do que, à vida, nada nega.

Tão grande o espaço que deixas...
Tão grande o teu coração...
De viver forte e sem queixas,
De partir em plena ação...

Pai, teu rastro é pura História...
Bravo caminhar, teu passo.
Sobre o tempo, és vitória...
És desbravador do espaço.

Pequeno, nosso coração,
para te guardar, se expande.
Que te honre o guardião,
ao fazer-se também grande.

A Mary Elizabeth Haskell

É bom saber que a montanha possui um topo.
Melhor ainda é ter certeza de que sua bem-amada o quer ver ali amanhã.
Minha vida é apenas um conjunto de notas musicais
que seu coração transforma em melodia.
Que sejamos sempre capazes de viver
tudo o que há de sagrado em cada instante.

(Gibran Khalil Gibran)

Houve, um dia, um homem grandioso,
Houve, um dia, uma dama tão pura...
Em ambos, plantou sua semente a poesia,
De ambos, a Musa dosou a mistura,
tecendo, com toda sua graça e perícia,
Os laços que unem criador e criatura.

Pois sabe a Musa que, sem a grandeza,
Buscar a pureza é estéril;
E sabe que, sem a pureza,
a ânsia do grande é obscura.
Pois sente que, sem haver terra,
a semente é só mistério;
E sente que, sem a semente,
nem terra nem vida perdura.

Era fonte de vida, essa dama,
Era terra gentil, generosa...
Buscou rosas, e nasceram... rosas,
Com sementes de terras distantes.
De terras do cedro imponente,
de sonhos que não houvera antes.

Khalil era o cavalheiro,
Mary era a dama gentil.
Ela, os seus sonhos nutriu,
Com seu amor verdadeiro.
Ela soube amar Khalil,
E entregou-se por inteiro.
Ela, que nada queria,
Ele, que ansiava o universo...
Ela, amor e energia,
Que ele traduzia em versos.
Ela o sonhava um gigante,
Ele a sentia sagrada.
A noite e a luz radiante
Enlaçam-se na alvorada.
Ela, noite de mistérios,
Serena e silenciosa.
Ele, esplendor etéreo,
Luz vertida em voz e prosa.
A magia que os envolve
É clarão que nos alcança;
Nem mesmo o tempo dissolve
A força de tal aliança.

É amor tão raro e puro,
Amor que se eleva a Deus...
Duas almas, que, unidas,
Transbordam a vida
e buscam os céus.

Ave, Mary, pois que tua pureza
Há de te fazer cheia de graça,
Graças a ti, eis que a beleza
Pôde brotar e encher nossas taças.
Ave, Mary, pois que certamente
O Senhor será também convosco,
Já que teu coração e tua mente
Mais que a Mary, voltaram-se a Deus.

És qual estrela, pois que os sonhos teus
Por teu amor, se erguem no azul profundo,
Pois o nobre sempre ascende aos céus,
E o denso desce e adere ao mundo.

Como a estrela que entrega o seu brilho
Sua energia como o combustível,
dando luz e calor aos seus filhos
E, ao se dar, nada de seu reserva,
A flor do Líbano, tão sensível,
Que se fez flor, mesmo em meio à erva,
Deve a ti o milagre da vida.
Tua amada flor, que, finalmente,
por nós será, também, tão querida,
Ainda que sejamos inconscientes
Desse mistério, belo e sutil...
De amar a terra ao amar sementes,
De amar a Mary ao amar Khalil.

A natureza extraordinária da Vida

Posta-te com reverência ante o verdadeiro Conhecimento...
Descobre a cabeça, descalça-te,
caminha na ponta dos pés....
Não é o caso de preocupar-te
se ele É
ou se tu és.
Não há engano ante o real Conhecimento.

Grava na memória este momento.
Melhor ainda: guarda isto, e nada mais...
Renasce, autêntico, ante o veraz,
ante o real Conhecimento.
Posta-te, atento,
pois é a Vida que aqui se faz presente.
Trata de não te interpor
nem ser tropeço ante o trânsito da Vida!

Lembra constantemente do que peço:
abre passagem ao real Conhecimento.
Transborda em júbilo ante o dia, o evento
que, por si só, já vale toda tua existência,
E sua ausência
reduz a pó toda grandeza e toda glória.

Degusta o êxtase de ouvir a Voz da Vida
capaz de revelar História em tua história,
pois que tão raros são
aqueles que sentem e ouvem a Voz, de fato.
E os que virão
verão a Vida através do teu relato,
e, talvez, a viverão.

E tu Serás,
porque viveste a expressão mais bela e pura
A mais humana e necessária criação,
pois que, ao entoares a tua canção,
fizeste, enfim, soar o canto do Criador
aos quatro cantos, através da criatura.

A Trilha do Discípulo (canção)

Melodia de Tyago Amorim

O que te traz
são ventos de outrora,
com traços de aurora,
indícios de luz.
O amor que faz
sinais em teu caminho,
não te deixa sozinho,
teus passos conduz.

Marcas que, sobre a Terra, te fazem capaz
de crescer e alcançar deixar marcas iguais,
dotar a terra de trilhas sem fim,
gotas que abrem caminho rumo ao seu Mar, e nada mais.

A trilha de um mundo novo que se abre ante nós,
a saga de um homem novo que o tempo nos traz,
desce, como uma lança, e, como fizeram outros heróis,
rompe todos os nós e renasce em nós com nova esperança.

Posso lutar por alcançar, por ti, o fim da estrada...
Posso tentar antecipar, por ti, a Alvorada...
Nada por mim, seja por nós,
em tudo posso estar, se, para mim, não espero nada.

O que te traz
são ventos de outrora,
com traços de aurora,
indícios de luz.
O amor que faz
sinais em teu caminho,
não te deixa sozinho,

teus passos conduz.
Pois é do amor
guiar-te no escuro,
deixar-te seguro
da luz, no Portal.
Pois é da luz
guiar os teus passos,
deixar-te nos braços
do teu Ideal...

A Voz da Mestra

À Luzia Helena de Oliveira

O sonho que nos mostra a voz da Mestra
todas nós também sonhamos algum dia.
Porém, será que alguma, dentre nós,
sem o comando firme de sua voz,
seria capaz da maior ousadia
de viver sonhos, de transformar sonhos
em algo tão plausível e real...
De erguer, com cada sonho, um degrau
daquela escada, em azul e prata,
que nos permite ir ao firmamento
e abrir passagem à luz de um novo dia?

Pois não foi mais que ao som de sua voz,
serena voz da nossa Mestra Helena,
que pôde irradiar, por sobre nós,
a luz daquela estrela que Luzia.

A flor que desabrocha depois da tormenta...

A alguém que me acompanha em meus sonhos...
A DSG.

Um dia, olhaste em meus olhos
e nem se avistava distante
a tormenta, ainda remota
que haveria de lavá-los,
e talvez mais carvão que diamante
eram os olhos a te ofertar.

Senhora, sabeis do meu sonho:
domar o coração e a mente
e olhar-te com olhos brilhantes
e livres, só pura semente...
Este dia é sempre presente;
o coração pulsa e pressente
o que os olhos tardam a expressar...

Hoje, a esperada tormenta traz o medo,
mas também traz a esperança...
Tento salvar, em meio ao dissolver de um mundo,
esta lembrança,
que me alenta...

Hei de alcançar a flor após esta tormenta,
desvanecida a impureza e as fronteiras,
livre minha alma,
limpos meus olhos,
encontrarei a flor sagrada e verdadeira...

E, antes que cesse, da estiagem, o seu fulgor,
te ofertarei estes meus olhos e esta flor,
qual uma criança que entrega seus rabiscos e tesouros
à mãe que ama, e que a estimula e alimenta....
e este sonho tão sagrado há de me dar
a meta, o mito, a propulsão para encontrar
a flor que há de desabrochar, finda a tormenta.

A manhã virá...

A manhã virá realizar as esperanças,
Virá, assim como vêm sempre as crianças,
Numa expansão de luz e de alegria
(Sabe lá onde se escondem
quando a noite vem... de onde?)

A manhã ressurgirá, à distância,
Trazendo sonhos e saciando ânsias
Que tanto aguardam por ela.
Ela virá, e não há como não ser bela,
Ante um uma espera tão fiel e tão constante
Ante um olhar atencioso ao céu
A cada instante...

Já vendo a luz que ainda ao alto não desponta,
O olho nega, mas o coração aponta
Nesta suposta e esperada direção.

Ela virá, e será fato a intuição,
Que sempre antecipa o belo, o mais real...
E, como todas as manhãs,
Sempre tão bela, mas jamais igual,
Trará das sombras algo novo, insuspeitado...

Algo dual: tão novo e também tão velho,
Que aguarda há eras uma chance de nascer...
E toda espera findará, ao ver
um novo rosto despontar no espelho,

Espelho mágico que captura a Alma
em seu momento especial de amanhecer.

Fogo

*A todos os cavalheiros que se inspiram
no labor sagrado de Vulcano.*

Aquece e, acre, a crepitar floresce,
em áureo e rubro alarde, arde e atordoa...
Na frágua, o tilintar do ferro cresce,
na forja, o brilho da fagulha voa.

Na forma que ele cria e logo mira,
no forno onde depura sua alquimia,
ao homem puro, que recém respira,
dá o Ferreiro as armas e a harmonia.

Mas se acaso a disforme e ambígua frágua
rouba a Hefestos o vital ofício,
e envolta em frio vaso, a clara água
faz manifestos ao mortal seus vários vícios,

se a ígnea Fênix já não tem seu ninho,
e a ardente Chama à terra já não desce,
a mente humana é fugaz passarinho,
a forma engana e o Fogo arrefece.

A um Jovem

A Luiz Calcagno Fettermann.

Havia um jovem que eu vi, um dia,
cuja fúria de viver e de dar vida
soprava quase como um furacão.
Coração jovem, com força incontida,
corria o risco de que sua munição,
mal dominada e pouco conhecida,
sujeita a qualquer súbita explosão,
causasse a ele e aos demais dor e feridas.

Pedi acesso a esse coração
e fui tão gentilmente recebida!
Pude mostrar-lhe, paulatinamente,
ou relembrar-lhe, já que o pressentia,
qual era a única e justa direção
sobre a qual vale usar sua artilharia.

Presenciei lágrimas em um rosto jovem
ao relembrar de coisas tão antigas.
Ergui de novo, com ele, as mesmas vigas
do templo que já habitamos algum dia.

Hoje, a alegria que me traz essa lembrança
vê-se tingida de tristeza e medo,
pois que, na ânsia de dizer-lhe tudo,
deixei para trás metade do segredo.

Sinto-me honrada por me ter aberto
as portas de um recinto tão sagrado,
mas só se deixa a sala de um tesouro
com a segurança de deixá-lo bem trancado.

Ladrões que profanam templos,
sempre os houve e haverá.
Penetram, com vozes ruidosas...
Misturam, a joias preciosas,
garrafas, palavras vazias.
Trocam o brilho do eterno
pela embriaguez de um dia.
Profanam, com zombarias,
nossas preces mais queridas.
Confundem esterco com ouro,
vivem a desonrar tesouros,
e a isso chamam "vida".

Se posso pedir-te ainda algo,
agora, meu jovem, te peço:
deixa-me entrar novamente,
dá-me, uma vez mais, acesso.

Eu trago comigo uma espada
e vou ensinar-te a usá-la.
Verás que, à sua frente, se cala
a torpe e profana mentira.
Retoma, outra vez, tua ira,
empunha-a e entra comigo.
Depressa, a banir bravamente
o baixo e covarde inimigo.
É tua a minha mão; toma, aperta-a,
depressa a trancar essa porta.
Purificado é teu peito
de toda impura invasão.
E lembra que a mão que ora apertas
lutará sempre contigo
toda vez que o inimigo
vier a rondar teu portão.

A um Mestre que me falou sobre o Discipulado

A Michel Echenique

Sei que hoje aprendi contigo
a Ser, Pertencer.
Hoje sei que irei contigo aonde quer que tu vás...
Força que une o Universo e transborda sobre nós,
vozes de um mundo de mistério e luz
que ecoam em tua voz.

No silêncio, sinto teus passos,
só me basta seguir.
Por mistério, sei que obedeço ao Ser que habita em mim.
Em que instante a eternidade se abriu aos nossos pés,
qual dois momentos de um mesmo ser,
sei quem sou eu, sei quem tu és.
Sinto que tu me elevas ao plano onde estás;
qual magia, estou por momentos onde um dia estarei.
Abre-me as portas do Sagrado,
que, em tuas mãos, posso entrever
a chama que nos tornará, enfim,
nada além de um único Ser...

Azul

Às damas que amam esta cor.
Colorida de verdes, dourados,
e vermelhos, lilases pontuais...
um mosaico surpreendente é a terra!
Vê-se cores, tons, luzes, matizes
sobrepostos, talvez desiguais,
em nuances e mesclas felizes...
mas é raro encontrar o azul!
Pois aonde será que se esconde,
onde vive a reservada cor?
Só nas plumas das aves, algumas,
e em insetos, certos, isolados...
Requintada esta cor, sempre escolhe
adornar só os seres alados...
E no cume das altas montanhas,
junto ao céu, com o ar rarefeito,
é possível encontrar certas flores
coloridas do azul mais perfeito...
Caprichoso azul...como exige
vocação de céu a quem o veste!
Elevadas visões sempre tingem
nossos olhos com azul celeste...
Os amores da terra revestem
a emoção em róseos corações;
fervem o sangue as vermelhas paixões
e a cólera é cinza, sem luz...
Mas o nobre e suas inspirações
sempre correm em sangues azuis...
A quem pouco se eleva, faz crer
serem terra e céu hostis, em guerra...
Mas um dia, caíram os véus,
pois, subindo Gagarin aos céus,
revelou quão azul é a Terra!

Aceitação

*Para um mestre que, um dia,
me disse que seu nome era aceitação.*

Abri hoje minha janela
diante de um mundo completo.
Brilhando com todas estrelas
às quais tenho dado passagem,
sombrio por todas as sombras
que de mim mesma projeto.

Modelo meu mundo perfeito
com o que julgo necessário.
Com águas correndo, em seus leitos,
por relevos bruscos, vários.
Atravessando mil vales,
lançando-se sobre as colinas,
invadindo suas margens
em enchentes repentinas.
Correndo, num ritmo insano,
marcando o relevo terrestre,
delineando paisagens,
sonhando com a paz do oceano.

Qual é a verdade do mundo
sem as formas que eu imponho?
Qual é a geografia do mundo
sem minhas sombras e minhas lutas?
Será tudo isso um sonho,
um delírio turbulento,
ou será, de fato, o mundo
feito em Luz Absoluta?

Se és Luz, Senhor do Mundo,
sei que eu também o sou.

Vejo apenas que tu és
Luz maior e mais potente.
Como irei, então, servir-te,
senão sendo transparente,
sob a terra, escura e inerte,
apenas pequena semente.
Centelha que, oculta no solo,
reflete a luz soberana,
e busca brotar à luz plena
que lhe aqueça e alimente.

De ti, Senhor, eu pressinto
que não esperas que eu seja
uma opaca afirmação,
opondo-me ao feixe de luzes,
lançando mil sombras no chão.
E não necessitas que eu meça
ou teça considerações
sobre a força dada ao vento
ou o ímpeto do oceano.
O que me cabe somente,
em vossa perfeita paisagem,
consiste em fluir, confiante,
neste vasto rio humano,
vencendo o relevo, à frente,
para que outros navegantes,
ao ligarem-se à corrente,
encontrem-no mais suave e plano.

Aceito as pedras sobre as quais me lanças,
as quedas bruscas em que me arremessas,
pois, apesar de toda dor e medo,
não perderei a força e a esperança.
E já vislumbro, ao longe, no futuro,
quanto serei mais cristalino e puro.
Com minha dor, arestas são polidas
e outras águas virão ao nosso encontro,
bem mais velozes, com menor atrito.

Para atraí-las, entoarei meus cantos
e, sobre as pedras, ouvirei seus gritos,
e somaremos as luzes e as vozes
para banharmos, juntas, o Infinito,
esse Oceano místico e profundo
onde repousas, oh Senhor do Mundo.

Ainda não...

Detém-te e olha à tua volta, antes, adiante.
Atentamente, olha também dentro de ti.
Há algo raro e especial neste instante,
que já não pode esperar para ser visto.
Há um sinal oculto atrás de tudo isto,
e há que lê-lo antes de seguir em frente.

Há qualquer coisa a colher, talvez a flor
de um jardim distante, antigo e esquecido.
Há um recado a entregar e a receber,
e algo a sarar, algo a polir, alguma dor.
Há uma conta a acertar, um beijo a dar,
um ponto a ver.
E há que examinar as malas e rever
se nada urgente foi deixado para trás.
ou se nada é demais,
se há peso morto a abandonar agora...

Há que escorar, ainda, um galho que está torto
de uma roseira bem ali, perto da casa.
Há uma ave que quebrou a frágil asa
e não consegue mais voar ou se mover.
Há tanto ainda para ouvir e para ver...
Não estás pronta,
não é ainda,
não é agora.

Em algum canto, há alguém que ainda chora,
e sabes que também é teu, o árduo pranto.
E há amor a cultivar e a colher, tanto...
E há mil palavras à tua espera para ser ...
Não é agora.
Não deve ser.

Recolhe em ti todo teu ímpeto e cansaço,
guarda contigo teu assombro e traz teu encanto.
Quando te fores, antes do último passo,
tudo há de estar quitado e pacificado.
Não porque temas ou infernos ou pecados,
mas porque sabes que é este o teu dever.

Sabes que há em ti duas vozes, pelo menos,
e uma ainda deve à outra o grande acerto
antes do qual não há epílogos ou acenos
mas só o imperativo:
Deves Ser.
E, isto sim,
é para agora.

Anandamayakosha*

Com gratidão, ao Mestre Shankaracharya.

Sobrevoarei o mundo como ave em caça
em busca dos tijolos desta minha casa...
Sempre que a alma se lembrar que possui asas,
aí estarei, caçando, atenta, todo o Belo...

Sempre que tu, ao selar pacto, fores elo,
sempre que a tua mão forjar cristal de rocha,
sempre que a tua voz reacender a tocha,
darás tijolos para a casa a qual anseio...

Sempre que o puro ouro revelar seu veio
no peito aberto de um humano que desperta,
aí estará minha alma construtora, alerta,
em busca dos cimentos que o labor demanda...

Sempre que o eterno gênio humano se expanda
em vozes inspiradas, fortes, ideais,
audaz, ao invocar a Deus, em sua senda,
com tanta ênfase, que o próprio Deus o atenda,
aí terei meus preciosos materiais...

Que minha anandamaya seja provisória,
a doce casa em que descanso, em marcha ao Uno...
Se este é também teu rumo e trajetória,
encontra abrigo em minha morada de beleza!

Abre minha porta, senta-te à minha mesa,
desfruta o brilho das insígnias que portamos...
Somos o filho que de volta à casa vai,
buscando integrar-se ao Ser que o espera, ao Pai.

* Segundo Shankaracharya, em sua obra "Viveka-Chudamani, a Joia Suprema da Sabedoria", "O envoltório Anandamaya é a reflexão da bem-aventurança absoluta (...) através da qual as inclinações mais altas são realizadas. Este envoltório tem sua existência dependente da ação virtuosa (...). Os pensamentos, palavras e ações que realizamos, quando são belos e puros, produzem efeitos que irão fortalecer o corpo da bem-aventurança (anandamayakosha)" (verso nº 209 e comentário nº 211 da edição em português). Enfim, Anandamaya é a casa que construímos com toda a beleza que conseguimos reunir em nós, vida após vida.

Anonimato

Quando a voz das emoções torna-se muda,
e não mais sopram os ventos das paixões,
há que haver terra firme, além das ilusões,
onde ancorar, reconstruir, buscar ajuda.

Na solidão aterradora deste tempo,
em que, parece, até o tempo se ausenta,
no vácuo de todas questões e sentimentos,
e nada novo em nossa porta se apresenta,
perder, ganhar, importa pouco ou quase nada,
quando o desejo perde o gosto e já desbota,
gesto mecânico, sem cor, sem tom, sem nota,
e até a memória extraviou no pó da estrada.

Em algum lugar, tua sombra tênue há de estar,
sem corpo físico, mas viva e em movimento.
Sei que também atravessaste este momento
e prometeste revivê-lo junto a nós.

Preciso ver e constatar, junto, ao teu lado,
um novo gosto, que depure o paladar,
novas razões que me motivem a atuar
sem estar presa vitalmente ao resultado.

Como te moves? onde encontras tuas razões?
Qual é o chão que te impulsiona ao movimento?
Que restará, qual sensação, qual sentimento,
em meio ao vácuo do calar das emoções?

Recomeçar, trilhar de novo essa estrada,
despida a máscara, desbotado o verniz,
sem ostentar tudo o que sou, tudo o que fiz,
com a certeza que não sou nem faço nada.

Nesse avançar no anonimato, passo mudo,
reencontrar-me, estando em tudo, agindo em tudo,
rumo à alvorada luminosa em que me esperas,
junto ao Anônimo que construiu as Eras.

Ao Divino Cortejo de Apolo

Às Musas, que tanto amo,
sou grata de toda a alma.
Ao ver, no azul, a prata
que brilha nas noites calmas,
sou grata, mil vezes grata,
pois olhos são dons divinos.
Não nascem em nós; despertam,
qual despertam doces anjos
ao som de distantes sinos.
Às Musas, que meus olhos abrem,
que sabem, e só elas sabem
combinar corpo e canção,
e recitam suas receitas
de chegar ao coração,
eu peço que ouçam meu canto,
meu mudo cantar sem palavras,
pois vossas são as palavras
que anseio em expressar.
Dai-me voz, Damas Celestes,
tornai puro o coração,
pois que, ao pisar o chão,
não sujeis as vossas vestes.
Concedei –me a visão
de vosso reino, não mais...
Dai-me a paz, o passaporte
da mais plena e pura calma,
por deixar o adormecer
e alcançar, no azul do Ser,
ver estrelas em minha Alma.

Ao Sol

Trilhas num céu aberto em mil cores,
jogo de luz de um porte imponente,
forte matiz num prenúncio de morte,
é o Pai que parte, formando o poente.

Maior prodígio, harmonia e arte,
sugere sons de um celestial hino.
Como é possível, Pai, que, ao contemplar-te,
não se erga em mim a visão do Divino?

Se a pegada corresponde ao porte
daquele agora ausente caminhante,
quando te vais, teu rastro é qual corte,
lança de luz que penetra o horizonte.

Quão melancólica é tua despedida...
teus raios-braços retiram-se, lentos.
Descem as trevas, então, cujos traços
tingem as ações, emoções, pensamentos...

Se sou teu filho, como o pressinto,
dentro de mim deve haver luz ainda...
Dias virão que, ante o fogo extinto,
essa tua luz voltará a ser bem-vinda.

Guardiões do fogo na noite sombria,
vamos cruzar esta fria madrugada
e, enfim, tocar o clarim que anuncia
quão iminente é a tua chegada.

Possa teu cíclico amor-sacrifício
moldar o mundo ao mistério da vida.
Seja tua luz, entre nós, convertida
em novos homens, em um novo início...

Aos Mestres que Marcham na Noite

Vós, os Cavaleiros que atravessais esta longa noite,
convocando os nobres a virem compor o vosso cortejo,
vós, que caminhais, de forma tenaz, pela longa noite,
até que o futuro lhes abra a porta, lhes dê ensejo,
vós, os que marchais por todos que dormem e os que duvidam,
vós, que aguardais até que despertem e se decidam,
vós, que afrontais, com vossa Vontade, essa dor insana,
sois os que registrais, com vosso próprio sangue, a história humana.
Vós, os que resgatais, na escuridão, os que andam a esmo,
e que os direcionais, no justo caminho, à busca de si mesmos,
vós, os que, incansáveis, não conheceis limite ou fronteira,
e que, em meio à noite, alimentais a chama verdadeira,
vós, que, com vosso Sopro, fazeis soar o Clarim sagrado,
sopro atemporal, que torna atual o Valor passado,
vós, que sabeis portar a marca ancestral que o homem merece,
só ante Vossa Voz nossa alma se abre e se reconhece.
Sonha, um dia, estar pronta a dedicar-se ao vosso ofício,
estar dedicada à ação, à transmutação e ao sacrifício.
Estremece, enfim, e se reconhece ante vossa Voz,
esta alma adormecida que jaz sonhando dentro de nós.

Aos meus tetranetos

Ao distante herdeiro, a Taça,
a peça onde foi colhida
a essência exígua e densa
dessa que foi minha vida.
Lembrança na bruma espessa,
sentimentos destilados,
sapatos, gastos solados,
retalhos, rasgados véus...
Sonhos caídos dos céus,
colhidos e semeados,
com toda a alma alentados...
Se houver frutos, serão teus!
Percebe que a vida é sopro:
ora estás, ora...não mais!
É dever, da vida herdada,
brindar aos seus ancestrais
pela vida que foi dada
e a essência extraída.
Sem essência, não há vida,
sopro é vento e nada mais.
Comprime teu coração
e extrai a gota sagrada...
Depressa, a semear o chão!
Obra feita, a colheita
é daqueles que virão.
Assim, une a tua mão
à minha, e estende ao futuro.
Sozinha, é só uma mão,
mas é elo, unida à minha,
e é por elos que caminha
a alma, em suaves versos,
expandindo o universo,
elo a elo, sem apuros...

Apelo da Alma

Se me libertas, te prometo ensinar
de todas as nações
ao Deus libertador, veraz e vivo.
Abater os ídolos, privar de culto
a cada deus limitativo,
e aos que de Deus se servem e a Deus não servem.
Lançar, por direito, a sede e o estandarte
contra o vício covarde.
Chamar à liberdade a alma serva,
Humilhar a soberba.
Serão templo o céu, altar as estrelas.

(Tommaso Campanella – 1568/1639)

Se me libertas, tomarei tua voz
e te direi coisas que, em sonhos, já ouviste
em melodias e vozes esquecidas
ao longo de miríades de vidas,
 e que cabe a mim te relembrar.

Tomarei tua mão e tornarei a te ensinar
como dar passos pela estrada verdadeira...
Tua esperança primordial, primeira,
e tua energia, antes esgotada,
explodirão como em fogos de artifício,
pois que fazer com que tu vibres como o Fogo
sempre tem sido e será meu Sacro Ofício.

Se me libertas, soprarei teu Nome
aos teus ouvidos, ávidos na espera,
já tão cansados de sons sem sentido,
já tão vazios e sedentos, teus ouvidos,

que eu virei preencher com maravilhas...
Conduzirei os teus passos nesta trilha
que tanto sonhas e tão pouco pisas,
rumo à Fronteira além das fronteiras,
rumo à Verdade sem rosto ou divisas...

Tanto a te dar eu tenho, se me libertas!
Possuo asas deslumbrantes e potentes
para alçar voo desde este casulo à casa
da qual caímos para esta terra, um dia,
e à qual juntos, voltaremos novamente.
Guardo para ti, enfim, milhões de coisas belas,
como a visão que te fará elevar
os olhos límpidos e o claro coração,
para que saibas que, de fato, são
Templo o Céu e Altar, todas Estrelas.

E é neste Templo e neste Altar que, em doce calma,
celebrarás o matrimônio com tua Alma.

Apelo de Deméter aos Homens

Que mais posso te dar,
mais que o doce sabor
mais que as suaves cores
dos frutos e das flores que nos traz a terra?
Que mais posso fazer,
quando vais entender
que tu és muito mais que um filho da Terra?

Vagando sobre um solo seco e sem vida,
só um toque do divino vem te resgatar.
Não negues teu destino, encontra teu lugar
busca a fonte de Vida que permitirá
que tu floresças sobre a Terra eternamente.

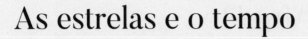

As estrelas e o tempo

Um Mestre me disse, um dia, que estrelas cintilam
porque são lembranças de um tempo passado e distante.
Cintilam, qual vaga memória de um remoto instante.
Porém, quando as vejo, essa noite, são puro presente.

Mas nesse momento, talvez, sua origem distante,
vivendo um presente que ainda, para nós, é futuro,
já esteja envolta no escuro da extinção e morte,
futuro que, neste instante, lá longe, já existe.

Viajando entre estrelas, a bordo da barca celeste,
mistérios de Cronos parecem-me um enigma insano...
Em meio a ondas que vão e que vêm novamente,
pretendo reter no presente a visão do Oceano!

Presente, passado, futuro: ilusão ou verdade?

Se aquilo que foi e será, não os tenho comigo,
e o fugaz presente, não posso retê-lo um minuto,
onde é que reside a Luz, seu eterno abrigo,
de onde alcança a terra, gerando seus frutos?

Um Mestre me disse, um dia, que os Mestres são pontes,
levando a Estrelas que pairam acima do tempo
e, nesse momento, nasceu, para mim, no horizonte,
a Estrela de brilho sem igual, Ideal, persistente.

Vencendo o fugaz, essa voz será sempre lembrada,
por me permitir perceber o poder permanente
da Fonte de Luz que gerou todas as alvoradas
oculta entre as sombras que criam a ilusão do poente.

Atena e Afrodite

Dentro de mim, de meu coração,
no ponto mais alto de meu próprio Olimpo,
vislumbro o vulto de duas Deusas

Longe ambas estão do alcance de minhas mãos,
rudes mãos, distantes do ideal feminino.
Porém, meus olhos ousam ir bem mais além,
e descobrir, oculto num daqueles vultos,
o claro e inconfundível perfil da Deusa Atena.

Ainda que imperfeita, sei que essa visão
produz em minha vida um poderoso efeito:
Atena está comigo quando me levanto,
à frente, em minhas batalhas, dando-me o alento,
alerta, em meus sonhos, sempre que me deito.

Graças, Grande Deusa, por tua Presença,
pois tua inspiração e tua Sabedoria
concede-me a energia que me movimenta.

Porém, há algo oculto em minha natureza,
virtude que faz par com a Sabedoria.
Um vulto permanece em sombras, sobre o Olimpo,
e, em meio à escuridão, pressinto sua Beleza.

Oh Deusa Velada, que és objeto
de anseio e temor, a um mesmo tempo,
qual véu ainda esconde de mim o teu rosto?

Como a antítese de uma Penélope,
em algum canto escuro, dentro do meu mundo,
ocupo-me em tecer, através da noite,
o véu que te oculta, e depois, com zelo,
dispendo meu dia a tentar desfazê-lo !

A razão é que, confusa, sirvo a dois senhores,
e a voz de um deles, forte e poderosa,
incita-me a não ver a Deusa Misteriosa.

Contudo, eu sei que, por mais que o conteste
a voz tão potente dos Amos da Terra,
em mim Ela vive, sinto seus sinais.

Mas vejo que é chegado, para mim, o momento
de não mais conviver com esse silêncio, esse segredo
que sempre foi e é fonte de dor e sofrimento.

Por isso, aqui, nesse preciso instante,
desde os pés da montanha, onde me encontro,
ergo minha voz e te envio meu apelo:
vem, ó Deusa, volta-me teu rosto,
abre meus olhos para que eu te veja,
vem ao meu coração, para que eu te entenda,
transmuta-me, enfim, para que eu seja,
mais que a mulher, a verdadeira Dama,
digna de ter, no mais íntimo do meu Ser,
um Olimpo habitado por duas Deusas.

Aurora Sagrada

Aurora, hora cinza, áurea hora,
momento de encontro com Deus.
Transborda sobre a natureza
um plasma divino, cinzento,
que preenche, a cada momento,
os seres, qual recipientes.
Neste contraste entre a escuridão e a luz,
em que se sente estar vivendo um sonho,
posso saber aonde este sonho conduz.
Os homens erram ao pensar
que o sangue de Deus se derramou
um só dia sobre a Terra,
pois ele se derrama em todas as auroras,
sem alcançar, por hora, despertar os homens.
Que são os homens, senão somente nomes
que se dá a gotas de aurora,
agora, isoladas e esquecidas
da fonte comum que lhes deu vida?
Gotas são partes do Deus que se derrama,
aprisionadas no tempo e no espaço.
Episódios deste Deus a quem se ama
e a quem se busca rastrear, pelos seus passos.
Querer ser gota faz que inevitavelmente
despedacemos a Deus.
Podemos vê-lo, aos pedaços, pelas ruas,
perplexo, perdido, a esmo,
com saudades de si mesmo,
da totalidade.
Senhor, esse plasma misterioso,
prisioneiro da gota que sou,
vem ao teu encontro sempre, a cada Aurora.
Sonha ser célula de um Ser inteiro e vivo,
e não uma lágrima, entre mil, de um ser que chora.

Brasília

Cidade bela,
tão ampla em teus horizontes...
A tantos sonhos
erguestes pontes...
A tanta vida
foste alvorada...
Cidade alada,
braços alados, sempre tão abertos,
teus verdes espaços,
Tal liberdade dás aos que os seus sonhos
embalam em teus braços,
pois que tu mesma de um sonho nascestes,
cidade celeste...
de céu tão amplo em possibilidades,
tão propensa à criação,
a soltar pipas e a imaginação
e a extasiar-se ante a beleza desse teu poente...
Cidade ardente,
terra vermelha, coroada em arcos por um céu enorme...
Os teus ipês despertam em delírio enquanto a terra dorme,
e tuas mãos-cerrado brindam ao céu em misteriosos mudras,
em silencioso e expressivo culto à tua liberdade,
simples cidade,
singelos riscos, geoglifo aberto, mensagem ao celeste...
Se aqui nascestes,
padecerás de estranha asfixia em qualquer outra terra,
pois que nenhuma ousa dar aos filhos tanto ar e espaço...
Só teu regaço,
e a frustração de jamais estreitar-te em apertado abraço,
pois que tu és, por natureza, avessa a estreitos limites,
vivo convite
a alçar voo sobre a terra rubra rumo a um céu em brasas,
teus filhos também possuem asas,

teu céu é meta permanente.
Teu seco ar dá leveza
e torna afeito ao Fogo o peito
de teus nativos,
altivos filhos de uma terra
com vocação de fênix.
E a cor que tanto amas,
com que tinges céus e terra,
também tinge o que há em nosso peito,
uma vez que teus traços herdamos,
uma vez que te amamos, Brasília.

Buscai a Gota D'água (canção)

*"Uma única gota d'água prova
a existência do Oceano, assim
como um único homem
prova a existência de Deus"*
(HPB)

Buscai a gota d'água, buscai a Deus,
semente do Oceano, buscai a Deus...
Tu verás, o seu frescor
os desertos do mundo umedecerá...

Pois basta uma só gota e nada mais,
e a verdadeira água irá saciar
toda a sede dos rios do mundo
e em busca do Oceano eles correrão...

Camelot (canção)

Uma terra, um reino, suma inspiração,
surgem damas, cavalheiros, Honra e Poder...

Sei que, um dia, esse sonho viveu entre nós
e agora, caberá a nós que volte a viver...

Cada nova manhã, ao ver o Sol nascer,
uma voz me diz:
vive Camelot!

Até posso escutar seu nome a ecoar
em meu coração,
vive Camelot!

Aqui estou
a te buscar...
Vive, vive,
vive Camelot!

Se vivo estou,
tu viverás...
Vive, vive,
vive Camelot!

Habita em nós,
sê nossa voz...
Vive, vive,
vive Camelot!

Onde eu estiver,
tu estarás...
Vive, vive,
vive Camelot!

Cantiga de uma noite com estrelas

Quanto de dor devo levar sempre comigo
como arma branca,
como defesa contra o esquivo inimigo
do esquecimento?
Em que momento caminhar com a certeza
que a corda tensa
não romperá com a corrosão da ácida ação
do pensamento?
Quanto é intensa e incessante a antiga luta
com a voz vazia
que nos insulta e ameaça a cada dia
de nossas vidas
Gerando dúvidas e semeando lágrimas
tão indevidas,
Pois que de lágrimas, já bastam as que derrama
a humanidade.
Se a Verdade é o meu alvo e minha meta,
meu nome interno,
pode o volátil e o fugaz tirar a paz
do que é eterno?
Pode o amor que me inflama e me dá vida
ser perecível?
E quem se move só de Amor pode negar
seu combustível?
Vejo minha Estrela, desta barca, ao luar,
em azul e prata,
Sempre tão bela, espelhando-se no mar
que me embala,
Sinto que há que conquistar fazer calar
a voz não grata.
E ser canal para a antiga, atemporal,
e única Fala.

Canto de Psiquê para Eros

Baseado no mito de Eros e Psiquê
narrado no "Asno de Ouro", de Apuleio

Tempos banhados de sol em um reino sem fim,
meus dias são.
Sedas, brocados e belos jardins
de ilusão.
Mas meus sonhos, sem ânsia, anunciam
que, à distância,
meu misterioso esposo vem.

E assim que as sombras cobrem
a noite, silencioso,
tão suave e tão nobre,
vem meu esposo.
E até as estrelas sentem
quando ele está presente,
tão belo e luminoso, o meu esposo.

Quando a aurora retorna, veloz,
e o vazio ocupa o meu leito,
ele sempre está guardado em meu peito.
Quando expresso sentimentos,
em tudo o que toco e vejo,
vou deixando o suave toque dos seus beijos.
Ao bordar meu nobre manto,
pois viver é Grande Arte,
o seu rosto eu vou bordando em toda a parte.
Nas canções que me embalam,
neste tempo que consome,
em cada frase que falo, ouço seu nome.

Como bordar um rosto ignorado?
Será loucura?

Como amar alguém que está ao meu lado
apenas na noite obscura?
Como cantar um nome que citado
não foi jamais?
Como servir a algo tão velado
e tão fugaz?

Vencendo a dúvida, cruel açoite,
enfrento o dia, fiel à Noite:
contra escravos da volúpia,
contra os servos do desejo,
em misteriosas núpcias,
amo a quem não vejo.
Entre presas da paixão,
neste estranho labirinto,
abro o meu coração
ao que pressinto.
Entre estranhos mercadores,
que dormem sós, ao relento,
embriagados pela voz do esquecimento,
eu caminho sem temores,
confiante na lembrança
que me inspira essa brilhante Aliança.

Superadas minhas provas, um dia, verei seu rosto,
com novos olhos, com vestes novas.
Superados meus limites, um dia, terei asas
Para encontrar minha casa.

Então, em plena liberdade,
pelos ares, pelo espaço,
Cruzarei a eternidade nos seus braços.
Embalado em doces versos,
Dá-se o encontro tão perfeito,
no Coração do Universo, o nosso Leito.

Canto à Justiça Futura

Não posso evitar que diante da dor,
a terrível dor da humanidade,
meu peito pareça, por vezes,
explodir de dor e impotência
por não poder aportar com tua presença entre os homens.

Se pudesse, empenharia meu sangue
e cada célula deste corpo para te trazer ao mundo,
deste corpo que nem sequer me pertence,
e nem é nele que mais se verte a dor de tua ausência.

Se necessário fosse, desaguaria minha alma em lágrimas,
mas lágrimas, já as temos tantas
que quase afogamos, em redemoinhos de uma dor cega,
que gira sobre si mesma, sem encontrar a saída.

És mistério, és enigma,
um velho Mestre dizia
que és ordem e harmonia.
Seja lá o que fores, senhora Justiça,
saiba que a ânsia por ti seca as vidas
e esteriliza as esperanças entre nós.

Somos pobre raça de mortais,
mortais por opção,
vagando em desordem,
arrastando-nos em andrajos,
sacralizando a miséria,
ferindo-nos torpemente.

Porém, algum lábio há de achar
a sílaba sagrada.
Uma voz há de emitir

a palavra transcendente
que te encarnará entre nós,
que irá te evocar novamente,
Eterna Deusa em nova morada.

Dói-me tanto não ter esse nome,
não ter podido conquistá-lo,
pois, talvez, alguns entre nós
já não possam mais esperar...

Há desespero nos olhos
e tanta dor pelo mundo,
mas esse esboço de apelo
fenece, afônico, mudo.

Os lábios não exprimem o que o coração conhece,
o calor da evidência da tua presença não aquece a voz.
Mas, curto ou longo, esse trajeto há de ser cumprido,
e alguém dará à luz o Nome tão esperado.

Aguardemos, não sem alguma inevitável ansiedade.
Mas, seja como for, quero que saibas que, ao chegares,
celebrarei minha alegria aos quatro cantos do mundo,
farei intermináveis cantos em teu nome,
dançarei à tua volta até quedar-me extenuada,
pois o tempo será Eterno, e a vida será Glória.
E as cinzas dos nossos corpos
e o fogo de nossas almas,
num amálgama perfeito,
serão o pavimento
sobre o qual erguerás a nova História.

Canção Matinal dos Pássaros

Em cada fibra, nessa canção, meu coração vibra,
percute o ritmo em que pulsa a vida, meu coração.
Se ouço e marco cada compasso dessa cantiga,
que é tão antiga, que é mesmo eterna e rompe a ilusão,
sei que só então eu entenderei, falarei a língua
desse que foi e sempre será meu Supremo Rei.
Vendo o poema que rima o mundo até seus extremos,
sinto o segredo de cada verso, de cada Lei.
E sei que é assim é que se celebra a humana magia,
pois que, um dia, não sofrerei mais por dor ou medo.
Já somarei o meu coração a essa sinfonia,
e a harmonia irá, então, tecer seu enredo.
Em sintonia com a Lei do Mundo, em um novo dia,
a cada gesto, seguir a vida, em seu andamento.
Na marcação do Senhor do Mundo, Maior Maestro,
na intuição das vozes da vida a cada momento.

Canção a Ceres

Eis que a terra se abre para ti,
eis que as tuas sementes brotam em nós...
E cada recanto do meu ser
se abre em flor ao som de tua voz...

Eis que teu amor chegou a nós
em forma de fruto e de calor,
derretendo o gelo em nossos corações,
combatendo a fome, o frio, a dor...

Ceres, Ceres, Grande Mãe de Amor
Ceres, Ceres, Grande Mãe de Amor
Ceres, Ceres, Grande Mãe de Amor
Ceres, Ceres, Grande Mãe de Amor

Canção a Ísis

Minha alma toda se derrama em azul...
Todo o Universo se transforma em azul...
Grande Mãe, eis que aqui estás,
Ísis, Ísis, vem ao teu altar...

Terra e Céu proclamam tua presença entre nós,
luzes do sagrado vêm rompendo a escuridão...
Grande Mãe, venho te ofertar
Ísis, Ísis, o meu coração.

Eis que soa o tempo de ocupares teu lugar,
chegado é o momento de poder te abrigar...
Grande Mãe, vem estar, então,
Ísis, Ísis, em meu coração.

Canção ao Valor

Talvez mais do que eu possa explicar
em termos tão banais,
certeza sem palavras,
mensagem sem sinais...

Mas é tão forte a emoção
de a algo assim servir...
Só quem guarda a resposta é o coração.

Sinto fluir harmonia,
percebo o som, a voz,
a nota que vibra em mim

e a melodia em nós,
o que nos une é algo mais,
é algo muito além,

que faz os dias nunca serem iguais...
Aventura, assim é viver...
Som de aço, espadas, posso ao longe ouvir...

A grande luta, o bem, o mal, eu posso vislumbrar,
e quão pequeno eu sou, eu sei,
mas não vou recuar...

Tu que marchas ao meu lado,
que tantas vezes vi,
as vezes que caíste
e as vezes que caí

mas, se de pé estás, o Sol
e a Terra hão de ver
que era um Homem o ser que aqui passou.

Canção de Tróia

Canto ao poder de Aquiles,
um Gigante frente ao Medo.
Canto à argúcia de Ulisses,
arte em desvelar segredos.
Canto à Honra de Heitor,
sacrifício, puro Amor,
tão nobre Amor...

Ode de um Poeta Cego que sonhava luz...
Glória e sede por História,
saga de heróis.

Ouço a voz de alguém que canta ao Valor....
Ode de um Poeta Cego que sonhava luz...
Corre, nas veias da história,
sangue de heróis.

Fúria insaciável, desafio ao próprio tempo,
aos limites, aos lamentos,
um convite para
conquistar, combater,
confrontar e crescer,
desvelar, definir,
procurar, persistir.

Olhos de um Poeta Cego que vê mais que o mundo inteiro...
Portas para um mundo eterno, forte, intenso e verdadeiro...

E voltar a ousar,
e buscar no além-mar,
as muralhas vencer,
expandir-se e viver.

Ode de um Poeta Cego que sonhava luz...
Brilham, lembranças de Tróia,
marcas de heróis.

Fúria insaciável, desafio ao próprio tempo,
aos limites, aos lamentos...
Um convite para
conquistar, combater,
confrontar e crescer,
desvelar, definir,
Procurar, persistir.

Olhos de um Poeta Cego que vê mais que o mundo inteiro...
Portas para um mundo eterno, forte, intenso e verdadeiro...

Vejo a sombra das naus gregas feita em luz no horizonte,
vejo a garra, vejo a entrega, o amanhã nascer do ontem.

E voltar a ousar,
e buscar no além-mar,
as muralhas vencer,
expandir-se e viver...
Pelos sonhos velar,
conduzir e buscar
a outra margem do mar...

Quando as carpas
viram dragões...

Nada tão plácido quanto carpas em um lago...
Nada tão Fogo, flamejante, aceso...
Vermelha carpa a ondular, num lago,
Fogo que a Água nunca logra apagar.

Nada traz tanta paz à nossa alma
como ver carpas em um rio, calmas...
Até que clame a voz de sua natureza
e enfrentem a correnteza.

Então, remontam o Rio Amarelo,
cruzam inteira a extensão do Império
e, gloriosas, triunfam e tornam-se Dragões.

Neste momento, não são Paz, são puro Fogo...
Serão mesmo diferentes?
Serão duas coisas, Fogo-Luz e Paz ardente?

A labareda do Dragão já está presente,
já se pressente na carpa,
pois, decretado no mistério, austera norma,
de alguma forma, o que há de ser, já está aqui.

A Paz da carpa, em sua máxima expressão,
são o Poder e a Realeza do Dragão...

Sempre há dragões que rugem furiosamente
entre os sonhos das minhas noites mais serenas...
E, qual a carpa, eu protejo as sementes
na placidez horizontal das fontes...

Mas rastreio as corredeiras,
e ensaio as ascensões,
guardando a chama-semente
de Dragões.

E sei que não haverá jamais
a Paz sem o Fogo e o Fogo sem a Paz
para aquele que nasceu carpa vermelha
no rio amarelo do mundo...

Jamais.

Castor

Hoje, a morte segurou meu braço
e me afastou do meu pequeno eu.
E ali ficamos, então, há alguns passos,
apreciando seu mundo, seus espaços,
vendo através dos véus da falsa identidade...
E rimos nós, a riso solto, na verdade,
ao vê-lo assim, pequeno e arisco predador,
tal qual um pequeno castor...

Tudo aquilo em que se foca
leva para a sua toca, avidamente:
troncos e galhos, frutos e sementes
com que represa e cerca seu pequeno mundo
e nada vê, e nada lhe interessa ou choca,
senão o útil ou hostil à sua toca.
Findo o seu tempo, instante pouco duradouro,
a morte há de dispersar o seu tesouro,
rapidamente.

Levou-me então, a Morte, aos jardins da Vida,
onde ela não se encontra dividida
ou represada em diques de castor...
Livre de laços, de proprietários,
de seus caprichos e anseios vários,
e de seu preço em solidão e dor...

Não recortada em nomes e endereços,
Não mais atada a posses de um dia,
vazia em vozes que não têm mensagens,
e decorada em cores e acordes afins,
onde o cansaço encontra a Grande Paz,
onde os princípios desembocam nos seus fins,

onde a impotência encontra o "nunca mais"...
E o Grande Fardo jaz, enfim, junto aos confins
da ilusão superada.
E todo o medo se dissolve em nada,
definitivamente.

Cisnes

Para Luciana Salgado.

Hoje, eu queria te presentear meus cisnes,
simples, em plástico ou em porcelana,
apenas mimos,
alguns antigos.
Acostumados a compartilhar meus sonhos
no criado mudo
da minha cama...
Por tantos anos, companheiros e amigos.

Só um "agrado", sem motivos especiais:
não mais que presentear com sonhos, desafios...
Para que os cisnes te ensinem sobre os fios
que enlaçam a Vida e afloram em símbolos-portais.

Não faça deles admiração passiva,
que se reduz a passatempo ineficaz.
Faz com que o símbolo, em ti, se agite e viva.
Teu nome interno seja um Cisne, nada mais...

Busca entender o imponderável, o abismo
entre um instante à imagem de um cisne
e um instante à imagem de um ser qualquer.

Percebe o gesto precioso, a precisão,
e, mais que isso, quase o cerimonial
em cada breve movimento.
Sente o diálogo sutil com a água e o vento...
Vê que tudo isso é possível, é real.

Nada se exclui, pois que a cena é Una e bela,
como se os deuses conduzissem o espetáculo,

que surpreende quem o vê, puro e sem máculas,
como quem vê nascer o sol, de uma janela....

A viciosa concessão ao feio e ao fácil
que mima o cômodo e o banal, com seus afagos,
contrasta às Leis dos Céus, deslizando num lago,
em cada pluma e em cada arfar, sem falha alguma.

Move tua mão, agora mesmo, ante teu rosto,
e busca produzir com ela algo igual!
Segue, em teu peito, o rastro do ato perfeito,
expressa o Cisne, aspira à Arte imortal!

Fecha teus olhos por um instante e tateia
os cisnes-passaportes que te presenteio,
sente o Mistério que há, oculto, em tudo isso...

Reais são o Belo, o Ideal, os Sentimentos...
e há um portal para alcançá-los num momento!
Já tens a Meta em construção, e o Compromisso.

Citrinitas*

*"Cada Momento de nossa vida
tem importância,
tem uma força histórica.
Jamais voltaremos a estar
como estivemos."*
(JAL)

Todo tempo não é mais que um mistério,
como fosse uma criptografia.
Como um jogo de revela-esconde
dos sinais que indicam a via
que conduz ao Segredo: aonde?
Onde foi que deixei, no caminho,
tantos rostos e gostos e "eus"?
Ou será que o que sou se esqueceu,
Qual se a vida fosse estranho vinho?
Ou será que o que sou criou asas,
e deixou sua pálida casca,
e o que vejo de mim é só máscara
e o Ator já retorna à casa?
Quando o ágil vendaval do tempo
já me envolve e, à minha volta, assovia,
arrastando minhas vestes sombrias,
vejo mais do meu Corpo Real.
Mais um ciclo e mais um vendaval,
lá se vai mais um véu, novamente.
Talvez só uma pequena semente
Restará da tormenta final.
Já a sinto em meu peito, agora,
tensionando, buscando espaço.
Em meu rosto, já sinto seus traços
associados àqueles que o tempo

desenhou, com seu hábil compasso,
dando à obra o arremate essencial.

Pois quando o tempo circula, em suas eras,
Algo adormece e algo desperta ao sono.
Eis que o meu rosto já se tinge de outono
mas o meu peito explode em primaveras.

* Citrinitas é, no trabalho alquímico, a "Obra em Amarelo" que se
segue à "Obra em Branco", ou seja, a maturidade, a "velhice de alma"
que ocorre quando se logra alguma purificação, e que nos aproxima
da "Obra em Vermelho", a espiritualidade. Nesse momento, em Ci-
trinitas, se abre a "Cauda Pavonis", a cauda do pavão, com todas as
cores do Universo,e se descobre que tudo isso existe dentro de nós,
assim como existe fora.

Coerência

Bases
ocultas quando o ousado tronco corta o espaço...
A ousadia dos braços nem sempre garante as raízes

Crises
os ventos sopram, como sempre, sem cansaço,
e arrastam quem tem bases débeis e deslizes

Raízes
devem ser íntegras, e sempre consagradas
à luz solar, que atrai seus ramos mais audazes

Verazes,
deve ser sempre inegoísta a intenção,
deve ser sempre clara a vista e o coração

Algozes
são impotentes postos frente à alma pura,
mas eficazes onde há mancha e ruptura...

Felizes
dos que conduzem o corpo e a alma à meta humana
com nobre rota, que ao seu sonho não profana.

Capazes
de caminhar com as mãos limpas e a alma leve,
na paz de quem todo se doa e nada deve.

Coincidentia Oppositorum

A Nicolau de Cusa

Conforme avisa o grande pensador de Cusa,
fazendo eco ao que ensinava o antigo Egito,
a exclusão nasce da má visão, confusa,
que visa ao fato, mas que não divisa o mito.

Quem vê o mito, o engano logo acusa,
dispensa o peso do sensual por sonhos leves...
E, consciente do dual, maneja e usa,
comprova o acerto da Ars longa, vita brevis.

Com alquimia, canaliza a luz do dia
e obtém o grau de lucidez pedido.
Mas é na noite que ele vai buscar magia,
teurgo de um portal arcano e esquecido.

Do justo amálgama, ele modela a porta
de acesso ao mundo onde o dual logo se ausenta.
Neste umbral, vive o encontro que transporta
a mente à fonte que a desperta e alimenta.

Braço de Deus que se estende rumo a Adão
e ergue do solo o antes inerte e cego homem...
Pois é acima que, com arte, a União
solve e elimina os falsos polos que consomem.

Renascimento, foste escola e movimento,
hoje, és momento humano de apurar a vista...
Amar mistérios é semear renascimentos,
viver mistérios faz-nos ser renascentistas.

Como (não) exterminar um idealista:

Não leves armas; pesam tanto e a nada servem;
seu coração, de ideais, é blindado;
e jamais penetrarás ali.

Recomendo que o cerque nos jardins;
destrói as flores, diga que elas são vulgares,
e que suas pétalas, caídas, sujam o chão,
e ele plantará novas sementes,
pois acredita que a beleza nunca mente,
e que suas forças sempre a ela servirão!

Obstrui seu caminho antes que ele encontre pássaros,
construindo e adornando seus ninhos.
Afirma, então, que é impossível alçar voo,
e que ele está sozinho,
em seu estéril sonho aéreo.

Jura em voz alta que nada é sagrado,
que nada possui significado,
e que nunca houve Deus.
Mais que depressa, fecha seus ouvidos
Antes que ouça qualquer ser que chora,
pois, se ele os escuta, há de reagir,
E então, bem alto, ele há de te rugir:
"-Se não havia Deus,
há de haver a partir de agora!"

Reitera que não existe nobreza no ouro,
nem pureza no lótus; que nada é duradouro,
e que os cisnes são só meras aves...
E ele te bradará que são naves,

em que, por vezes, empreendeu viagens,
nas quais, bem alto, viu que existe um outro Mar!
E quererá, por força, levar-te até lá!

Caso a angústia dos mil argumentos,
destroçados em poucos momentos,
te leve ao desespero... Pisa nele!
Pisa forte suas mãos, jamais cansadas,
e seus joelhos, mil vezes dobrados...
e os seus olhos, e o seu coração.

Mas toma cuidado, somente,
para que tua ira não os reduza a sementes,
pois, com certeza, se o fazes,
eles renascerão!
Incansáveis, invulneráveis...
Com ambição de voar novamente!

Como sempre, à Beleza

Percebo, em minha alma, a sede por gerar beleza,
irradiar essa luz que torna fértil e faz brotar
tudo o que de necessário houver para a Vida.
Pois a beleza é o prisma que, da luz branca, gera o espectro colorido.
Não só brinca no espaço, não só baila, mas desperta e dá sentido.
É vento que vitaliza cada vão por onde passa
e invade as janelas,
gerando a dança das diáfanas cortinas,
e até o imóvel ela realça e anima,
e reaviva o enrijecido coração.
É de onde nasce a poesia e a canção.
Nenhuma alma permanecerá sombria
se varrida por ela,
tão hábil artesã de almas belas,
tão ágil em preencher almas vazias.
Imperativo é deter-se e olhar o espaço,
erguer-se na ponta dos pés e abrir os braços
com tanta força, até sentir os próprios ossos...
E que a força dessa Vontade de enlaçar o Universo
tenha o poder de atrair, ao nosso peito,
a cor final do crepúsculo
e a fúria de todos os ventos,
matéria-prima da alquimia da beleza
para forjar sentimentos.
E então, no forno perfeito, nosso peito,
nascerá o puro Amor
e tudo aquilo mais que, para a Vida,
intensa, clara, transbordante e definida,
necessário for.

Confiança

Confio em Deus, no Dharma e nos Mistérios.
Ante minha alma, essa confiança empenho.
Como um guerreiro que depõe suas armas,
Aos pés do Dharma e do Mistério, eis o que tenho.

Se pouco ou muito, é relativo e pouco importa,
Importa pouco o nome sob o qual eu vivo,
Nomes que a tantos só mantêm cativos
de nomes vivos e esperanças mortas.

Importa muito o Nome ante o qual eu venho,
Nome impossível de expressar em língua morta,
Nome deserto de conceitos e limites,
Claro Oceano, luminoso e ermo
Que põe um termo ao caminhar humano.

Suave canção que, no silêncio, a alma entoa,
Suave convite a atravessar o umbral, a porta,
Desvencilhando o que pesa do que voa,
E libertando a alma do homem de seu nome,
Fazendo-a célula do Mistério e da Lei.

Se algo valesse o que sou e o que sei,
Eu te diria agora: entrega o teu nome.
Entrega a máscara em nome do que és,
e espera em paz a luz que vem tocar teu rosto,
a luz da Lei que te coroa, em tua luta.

Faze-o agora, antes que a noite se acentue,
E obstrua o ímpeto da alvorada.
E então, em paz, sem dissidências ou disputas,
Desfruta o gosto de ser Todo, e não ser nada.

Conhece-te em tua dor...

Não há em ti, é mais que certo, outro espelho,
tão fiel ao portador,
em suas opacidades e em seus brilhos,
que a tua dor.

Mostra o teu rosto, com suas marcas, cicatrizes,
teu rio em curso, tuas nascentes, tuas matrizes,
sempre bem mais preciso e mais profundo
que qualquer outra projeção que haja, no mundo.

Tua dor mapeia, exatos, teus limites
para que os busques
ou os evites.

Expõe princípios, esmiúça os teus vícios,
centro e diâmetro de tua circunferência,
que buscas mensurar, desde os inícios.

A dor que segue à explosão de um dia,
como uma fuga segue a uma melodia,
demarca o espaço e o palco para tua ação.

Se feres algo, feres sempre a ti mesmo...
Em todo agir desconcentrado, a esmo,
é sobre o centro que incide a colisão.

Mas, quando vêm os luminosos dias
que o Centro-Sol chega aos limites e irradia
em cada ponto da circunferência...

Ah! Nestes dias, sabes pelo que existes...
Em algum lugar, tomas assento e assistes
à grande diva em estrelato: a tua essência.

Contigo através da noite

Velo teu sono, e nem é assim tão tarde...
Teu corpo treme e arde contra a cama fria,
estranhos sons a tua boca balbucia,
e se recusa ao repouso e ao abandono.

A noite corre e meu amor ainda te vela.
Em meio a ela, eu creio, o escuro te ameaça,
Mas o amor, se é puro, é aço: nada passa,
nada atravessa seu calor e sua cautela.

Velo teu sono em altas horas, agitado,
e, sem demora, eu respondo ao teu gemido.
No teu ouvido, sussurrei: "Passou! Descansa!
Minha voz avança contra os vultos, ao teu lado..."

É já aurora e ainda velo; teu semblante,
não mais qual antes, mas tranquilo, já ressona,
qual fosse um anjo que, agora, vem à tona,
brincar comigo, tua escolta, docemente.

Quisera eu saber que, em todo pesadelo,
o Amor me vela, atento ao meu corpo arfante....
E eu, em paz, sereno infante, em seu alento,
libertaria a alma em sonhos, os mais belos...

Contradança

Bem antes de te conhecer, eu já possuía
expectativas e imagens essenciais;
sem fundamento em crenças, ideologias,
eu já sabia que o especial, na vida,
se o houvesse (e haveria!),
viria dali; encontro ou reencontro,
em uma curva deste tempo, em algum ponto
onde o impulso pueril das fantasias
não estava mais.

Não te buscava: buscava paz e sentido,
e era o que também buscavas, e algo mais.
Da infância como bailarina, eu te trazia,
e já sabia, com o faro de menina,
que há que achar o passo e o ritmo da vida,
e executá-lo com beleza e maestria.

Munida com minha intuição e tua certeza,
Desde este então, temos bailado e bailado,
honrando o pacto entre nós, nossa ousadia,
que, um dia, por alguém, nos foi atribuída,
de circular em espirais, quando houver vida,
dançando, ainda que a canção não toque mais.

Coração

Uma infância de símbolos cercada,
símbolos mudos ante a minha ignorância,
tal como aquele coroado coração
cravado em espinhos,
sangrento, macerado...
sozinho,
sem que alguém lhe redimisse o sofrimento.
E me afligiam os questionamentos...
pois quem, enfim, mutilaria um coração?
Quem o haveria feito?
E meu próprio coração, sedento
de explicações, doía em meu peito.
Homens maldosos, desprovidos de piedade
e cuja culpa eu própria havia herdado,
o haveriam magoado e ferido...
Se era esta a verdade,
por que soava mal contado e sem sentido?

Mais que a mente, foi o próprio coração,
que não analisa, mas rastreia e sente,
vê adiante bem mais claramente,
a melhor voz a se opor a esta versão.

Tempos se foram, passos foram dados,
e, da que era tão volátil vida,
tomou-se um rumo, e ela se fez comprometida
com amor aos homens e com ânsia por ciência
de alguns mistérios, que despertam a consciência
e lhe concedem mais visão e mais vontade
por atuar na grande e primordial missão:
minimizar a dor da humanidade.

Hoje, ao buscar impulso para o meu caminho,
percebo algo, uma preciosidade:

cravado em meu coração... vejo um espinho!
Da dor sagrada, que não aceita retrocessos
e torna sua cada lágrima humana...
A dor sublime que impulsiona e dá acesso,
a dor que cala o apelo e os argumentos
tão contundentes, da inércia e do egoísmo,
a dor que atua como um aparador
frente aos que buscam, cegos, o abismo...

Espinho-dádiva, que sinaliza a trilha
dos que avançaram com espinhos tantos,
é qual Brasão de uma imortal família
que assume as lágrimas de todos prantos.

Hoje te entendo, Mestre, e te agradeço
pelo pequeno espinho em meu modesto peito,
iluminado por teu coração, perfeito,
ferido por um Amor maior do que mereço.

Cruzeiro do Sul

Encontramo-nos, Mestre,
como sempre, no Cruzeiro do Sul...

Ao misterioso Ser Sutil,
tutor de nossas terras brasileiras.
Coração aberto e verdejante
tal qual o de seus habitantes.
Oh Grande Deva, cuja olhar cobre as fronteiras
desta terra que elegemos como lar.
Ser Soberano, que habitas no Cruzeiro,
sob tua Luz, nossa Águia faz seu ninho e pousa,
no berço esplêndido e grandioso em que repousas.
Filhos da Águia, nessa terra que consagras,
também teus filhos, te narramos nossa saga.

Conhece o nome d'Aquele que nos envia
e que nos manda cumprir essa missão.
Vê o brasão do Senhor, que se anuncia,
gravado em nosso coração.
Viemos trazer, com nossas mãos, as ferramentas
para abrir passagem ao Sol de um novo mundo.
Temos conosco o Machado, a Clava Forte
dos que tu sabes que jamais fogem à luta.
E a Tocha da Sabedoria, cujo porte,
é imprescindível em meio à noite absoluta.

Temos a pena da Justiça, cujo traço
há de envolver teus filhos, em um forte laço.
Para adornar-te, temos louros da Vitória,
para que o presente também seja Paz e Glória.
Somos obreiros, Senhor, do Novo Mundo,
a cujo Sol te referistes no teu Hino.

Somos semeadores do Divino
na terra fértil e generosa que guardais.
Eis que te expomos nossas credenciais
sob esse teu portal radiante, o Cruzeiro,
e esperamos que nos reconheçais
e franqueeis para nós vossos sendeiros,
velando por toda semente que plantemos
para que possamos colher planta, uva e vinho.

Que tu indiques, para nós, os bons caminhos
e abras passagem aos corações de teus filhos.
E se reflita, em teu seio, o nobre brilho
da Águia Solar que nos conduz a este meio.
E que o Cruzeiro testemunhe esse momento
e sele o Pacto Sagrado, o Sacramento
desse acordo tão sublime e sutil
entre o Senhor do Mundo e o Senhor dessas Terras,
Pátria Amada, Brasil.

Culpa e Redenção

De algum lugar chegou a Voz que me tocou...
Uma voz doce... uma visão, para mim, dura...
palavras sobre a Culpa, sombra escura
pesado fardo a caminhar sempre comigo,
um "amigável" companheiro e inimigo,
sempre espreitando à distância de um passo.

Ela mostrou, a Voz, que as sombras são
os personagens da minha própria história,
os que desfilam, na memória, em procissão,
todos julgados, e mais tarde, "etiquetados",
com suas sentenças, impiedosa esta prisão
à qual eu tenho, muito mais que aos demais,
a mim mesma condenado.

Hoje percebo que, decerto, foi tão pouco
que eu tentei amar os homens, por seus atos,
e não por Algo que eles são; por meros fatos
que o tempo gera e abandona para trás.
Penso que, amá-los, mesmo, não tentei jamais!

Hoje, no dia em que essa Voz me fez ouvir
a outra voz que vive em mim, a voz contida,
consigo vê-los, enfim...ver suas vidas...
Sei que carrascos não se fazem necessários,
pois, torturá-los, já o fazem os vários vícios...
como cãezinhos entre fogos de artifício,
atordoados pela ignorância,
afogados na dor e na ânsia,
presas de uma tardia infância
que não souberam viver nem superar.
Na distância intransponível de seu próprio coração,
na solidão,

joguetes nas mãos de forcas cegas...
Que bem lhes traz mais uma acusadora voz,
mais um algoz?

Meu Deus, como me dói fundo essa Voz,
como sou grata por ela,
pois algo em mim, ainda que Dor, enfim, é grande,
pois algo em mim, ainda que lágrima, é bela.
Se eu já soubesse que essa dor é porque arde
a chama densa dessa Voz, chama sagrada,
que cedo ou tarde, falará por mim!
Mas eis que hoje, em meio a esta madrugada,
luminosa madrugada,
ouço-a, enfim.
E reconheço que a dor é um preço,
e não tão alto,
pois que me arma para ir, de "assalto",
tomar espaços, expandir a consciência...
buscar provar de uma nova Ciência:
Redenção.

Da Criação

Em parceria com Marcelo Tranqueira
(autor das duas primeiras estrofes).

Quebrar o silêncio com versos ritmados.
Ao seu tempo, as formas ganham vida,
e, em um canto que nunca cessa,
o Criador engendra a harmonia.

Tecer, com sonhos, cada novo dia,
é com a ação que tudo se inicia,
vencer a inércia que a morte sentencia
e dar notícias de uma nova alvorada.

Pois que a sentença de morte está cumprida
quando se insere a inércia e o estatismo
no seio mesmo do que chamamos "vida".

E eis que a nossa sorte está lançada
quando marchamos, cegos, para o abismo,
quando desviamos da longa e eterna estrada.

Decolagem

Nada há demais em um voo de avião
exceto este momento
de preparar e arremeter;
com força e fúria, da terra, se erguer,
desafiar o céu, correr junto com o vento.

Momento forte, simbólico momento:
enquanto o corpo humano, inerte, quer deter,
com seu ínfimo tamanho,
o impulso e o voo da arrojada ave,
há algo íntimo que inclina para a frente
e quer também voar,
como se fosse, ele igualmente, aérea nave.

Impensável ave prateada,
pesada, enorme, atrevida,
com sede insaciável de vida
em outra altitude...

Não se deve esquecer que o teu impulso é filho
de altivos sonhos humanos.
Tiveste pais de corpos pequenos,
mas de sonhos enormes e arcanos,
milenares... Talvez atemporais.

Se o termo "arcano" vem da antiga "arca",
a qual encarnas, em tempos modernos,
és também filho da celestial barca,
a caravela de ancestrais navegações,
tão verticais em trajetória e aspirações,
que, tantas vezes, escreveu história...

Percebo em mim o ardor de navegantes,
saudades de fúrias e tempestades,
de ancorar sempre em novos horizontes.

A garra de desbravador
adormecida pelo gosto adocicado
de um planejado "serviço de bordo",
proposital, aliciador,
desperta ainda, e viaja ao teu lado!

Em tuas entranhas, eu durmo,
enquanto tu voas,
indo daqui para lá,
a esmo, à toa,
pois teu piloto, "automático",
só cumpre a rota traçada, e nada mais.

Um dia, também voarei, ave ousada,
e não serei mais tão inerte e "pesada",
nem me amarrarei a cadeiras.
Com força, eu desdobrarei minhas asas,
de fênix, surgida de brasas
de sonhos ardentes.

E o meu voo, um tanto louco, um tanto etéreo,
há de criar intenso "tráfego aéreo".
Sobre esta terra e suas adormecidas gentes,
hei de atear o fogo e a febre por voar....

Diante de uma Dama

A Délia Steinberg Guzmán.

Diante de uma Dama,
perfilei o meu corpo
e abri bem os olhos
para ver quão complexo
e de extremo requinte
pode ser o que é simples.

Diante de uma Dama,
impostei minha alma
e fechei os ouvidos
aos ruídos do mundo
para ouvir a harmonia
delicada e rara
de uma voz que me fala
coisas tão naturais.

Murmúrio de um rio, essa Dama,
de água límpida e cristalina.
Pura poesia, essa Dama,
lirismo de amor e alegria.

Canção de um pássaro ao longe,
com timbre suave e profundo.
Fluidez do vento nos campos,
rompendo a inércia do mundo.

É fio cortante de espada,
temperada em tantas guerras.
É firmeza não abalada
de rocha, no eixo da Terra.

Fortaleza que se assenta
numa segurança plena,
seu poder se apresenta
de forma doce e serena.

Se existe, entre os polos, estrada
que extingue a dualidade.
Se existe, no mundo, verdade
que arde, qual mística chama.
Se há, na vida, um sentido
que está para além dos sentidos,
porém claro ao coração
do buscador que o reclama...

Tudo isso, qual canção,
ecoou em meus ouvidos
graças a, um dia, ter estado
na presença de uma Dama.

Em tua mensagem...

Em tua mensagem, furtivamente ouvida,
percebo e busco, ávida e atenta, em alerta,
como buscava, em antigas noites de Natal,
olhando a fresta desta porta, entreaberta,
vendo os presentes e a rica ceia servida,
o quanto há de Misterioso e de Real...

Em tua mensagem...
vejo o Uno, a despertar num ciclo novo,
vejo o Infante a erguer-se do mítico Ovo
e a iniciar a Grande Dança Circular.

À sua volta, os Elementos ele lança,
qual Chispas indefinidas
que se abraçam e se envolvem, nesta dança,
dentro da Manifestação recém-nascida.

Fogo e Água se moderam mutuamente
e se harmonizam e enlaçam, antigo rito,
gerando filhos-formas no berço da Mente,
prole que também se completa e reproduz,
e, como num caleidoscópio infinito,
levas de formas e mais formas vêm à Luz.

As mais tardias, da Origem distanciam,
traçando um arco cujo raio é crescente...
Porém, num ponto, em meio ao tempo, de repente,
Já ansiando por sua essência e Unidade,
Tendo alcançado algo da pura Verdade,
elas despertam e se aproximam novamente...

Latente Amor as leva ao Centro, ao Criador...

Entrelaçadas, carregadas de memórias,
retornam à orbita do Grande Dançarino,
que, em ímpeto divino,
súbito, as toma e absorve em seu Peito,
perfeito fecho de sua dança, em Glória,
e finda o Ato,
e Ardente, ainda,
já se recolhe, novamente ao Leito.

Nenhum detalhe, em tua fala, é irrelevante...
São vozes vivas de um passado tão presente
ante o qual se cala o fútil e o banal
e emerge a Alma, e abre os olhos, por instantes...

Tua voz relembra algo em mim, familiar,
um Centro, um Dogma, uma Pedra Angular,
um Eixo firme, sólido e transparente,
vindo do Eterno Dançarino: um Diamante
Incrustado em meu coração.

E, nos momentos mais difíceis e hesitantes,
esta é a Coluna inquestionável, o fundamento
que impõe limites às tormentas, em minha mente...
Faz-se evidente à consciência, neste instante,
que Deus é a Solidez em mim, Lei-Diamante,
Que a Lucidez é a voz de Deus, Sóbrio e Silente.

E tudo isso em tua mensagem, Mestra,
em tua voz, que abre a porta a esta Luz,
e em teu empenho em franquear a nós a fresta
de onde espreita o deslumbrado e insone infante.

E, neste fugaz instante,
com a alma qual uma criança, ousada e pura,
já sorriem, mutuamente,
pois se veem, frente a frente,
Criador e criatura...

Qual retratado por um gênio visionário,
ébrio ante a Vida e seus segredos, belos, vários,
tocam-se o Grande e o pequeno infante,
Unos...ainda que por um fugaz instante.

Engenharia

O mundo ruge e rompe em ruídos,
em meio ao caos e às ruínas..
sinto-me estranha, tantas vezes, neste mundo,
transito apenas...
São tantas vozes, violentas ou amenas,
algumas, desesperadas...
Os dialetos deste mundo que naufraga
em mil palavras...
sem dizer nada.

Percebo a imagem de uma outra morada,
de um outro mundo,
que já existe no plano das ideias,
morada etérea,
porém, bem mais plausível e real
que este mundo de matéria.
No berço mesmo de toda a criação
que veio à vida,
existe o esboço, o ideal de uma nação,
cidade alta,
onde o fraterno dá o termo, a direção
reta medida do que nega e do que exalta...

Onde Platão já residiu, toda sua vida,
especial cidadania,
onde o homem não hesita nem duvida:
trabalha e cria...
Mas nunca o faz a esmo:
ergue canais, muralhas, pontes, mas jamais
esquece de erguer a si mesmo,
o que consiste na maior das construções
jamais sonhada,
em algum dia.

Senhores da Grande Engenharia,
dos monumentos em honra à Humanidade,
dai-me Senhores, prumo, forma e ousadia
de ser cimento que sustente esta cidade.

Enviai-me um pássaro...

Senhor, enviai-me um pássaro
que cante com a audácia suficiente
para invadir, das minhas janelas, os umbrais,
capaz de impor à impotência e ao desalento
vozes verazes,
vozes reais,
pois a esperança é só a espera de seu Canto...
Simples assim,
e nada mais.

Eu não espero que me envies uma ave
de cores raras ou de exóticos contrastes,
mas simples ave canora,
castanha, talvez,
mas cujo canto alcance o ouvido de quem chora
e a postura tenha algo de altivez.

Uma ave... é certo que não peço mais,
nem de mais necessito...
Ave de canto melodioso e algo aflito
por espantar o canto de todas demais
que não expressem sentimentos, só repitam
surdos lamentos, tão amargos e triviais.

Se a ave canta e eu a ouço e imito,
renascerá a minha voz e o meu ouvido,
e a voz do mundo terá a ênfase de um grito,
tornando a própria dor sussurro sem sentido.

Se for por expressar tua Voz, Senhor, que eu viva,
que eu alce voo alto e escute os apelos
dos que constroem dor e enterram-se na dor.
Que eu voe e cante, voe alto e cante belo,
que, para o Bem, meu canto seja hino e elo,
e, para o Mal, seja rugir devastador.

És como o Vento...

Ao meu mestre Luís Carlos.

És como o vento, muito embora não o ames,
pois que disputa, ele, contigo, o mesmo ofício...
Dás novo fôlego e renovas nosso ânimo
e a nossa ânima, arejando-a dos vícios.

És como o vento, cujo sopro e intensidade
varia qual a estação e o momento:
sopra com força e dissipa as tempestades,
sopra suave e desperta os sentimentos.

A antiga flâmula, ao passares, se agita,
e expõe seu símbolo ao olhar que a busca, atento,
e traz à tona as suas lembranças mais bonitas
que tu despertas, com teu impulso... és como o vento.

Qual Hanuman, filho do vento, forte e puro,
protagonista do antigo Ramayana,
por arejares tanto assim a alma humana,
te brindará o Senhor Vayu, no futuro...

Sopro imperioso, pai de todos os meus sonhos,
que insuflas ar ao mais sagrado dos momentos,
fazes vibrar, rosa dos ventos, a minha alma,
e emitir sons meu coração, ao som dos ventos...

Esboço de Teofania

Tua presença, densa, roça em meu rosto,
mas não alcanço transportá-la
ao ponto de serenidade e de descanso,
onde se faz tão esperada e necessária.

Sozinha com meu gato, recolhida a um canto,
Sob a luz de um suave raio e um breve vento,
tento entender, com meu escasso entendimento,
o que escapa ao amplo campo da ilusão.

Queria que meu coração fosse uma rede,
onde partículas Tuas fossem retidas,
Partículas de luz e de vida...

Lembra que ainda não cresci o suficiente
para deixar de temer a escuridão!

Nunca cheguei a ser tão plena e tão pura
para alcançar ser tão segura, e conter
tudo o que tens mandado para mim.
Não sou, ainda, de fato, nem de perto,
o que o atrevido sonho tentou Ser...

Mas posso ser a resistente rede,
de malha bem forte, cerrada,
onde a gota de Ti seja retida,
como passaporte para a vida.

Onde a parte de ti seja guardada,
e a que resta, seja sempre descartada,
para sempre, escoada e esquecida.

Guardada, assim, a parte certa, em campo aberto,
talvez conduza a Tua presença ao ponto certo,
e, só então,
jamais me sinta, de novo, dividida,
jamais perceba de novo a solidão.

Eu creio em mitos...

Eu creio em mitos, mais, bem mais do que nos fatos:
creio nos seres, mais que em suas sombras vagas...
Creio nos homens mais que em pálidos retratos,
forma em atrito, que o tempo esboça e apaga.

Eu vejo serem os mitos sempre uma semente:
fecundam o solo da ilusão com realidade:
saga do Ser por formatar o existente,
cujo sucesso é passo para a humanidade.

Vejo melhor quando está muda a minha mente
e sinto os mitos, num presente e estável instante:
Aquiles e Heitor duelando eternamente,
e Odisseu, o incansável viajante...

Vislumbro Avalon, onde o Rei Urso hiberna,
à espera do final dos tempos invernais,
e Amaterasu, a Deusa-Sol, sair da caverna,
dourando em luz eterna o sonho dos mortais...

Que são os fatos, se não espelham sempre os mitos?
Refletem o rosto da madrasta de alguns contos...
Remetem a belos sonhos banidos, proscritos,
e ao conflito entre alma e sombra, e ao confronto...

Morre comigo o banal... cintila e some,
e, à trilha do Homem, nada soma, ou mesmo à minha...
Brinquedos que o tempo gera e consome,
e o pueril homem brinca, joga e não caminha.

Eu creio em mitos, sim... dão cor ao existente
e dão sabor a este tão fugaz instante...
Transformam a lenha morta em fogo audaz e ardente,
e a opaca rocha em transparente diamante.

Canção da Vida, entoas mitos tão antigos,
odes gloriosas para a prole adormecida...
Quando despertos, fortes frente aos inimigos,
compreenderemos tua Voz, Canção da Vida...

Existe Amor!

Maior que toda dor do mundo, existe Amor...
Por isso existo.
Pois que a direção final, a inclinação
sempre é dada pelo vencedor.

Existe Amor maior que um poço de desejos...
Por este, eu vivo.
Contra a inércia, tão fatal, mantém ativo
e arrasta adiante poderosamente.

Existe amor que cala e pacifica a mente...
Por isso, insisto.
Mesmo que envolva, com seu círculo-serpente,
frente a este Amor, a mente é menos poderosa...

Existe Amor como o sagrado amor da rosa,
que junta em si toda a beleza existente,
a qual constrói, pétala a pétala, insistente,
e a qual entrega, sal da vida, em oferenda...

Existe amor sem interesses e sem emendas,
amor sem ânsias ou carências, sem tormentos...
Existe amor aqui, agora, num momento
que endossa o próximo pulsar do coração.

Existe amor, saibam os homens disso ou não,
Amor real a um Ideal e ao Compromisso...
Existe Amor que é bem maior que tudo isso...
Vida é velar por este Amor, como um guardião.

Amor que é sólido e resiste qual rochedo,
possuidor do acesso ao essencial segredo...
Amor da terra, mas também de um outro mundo,
Amor- raiz, rastreador do mais profundo.

Amo meu Nome, que expressa um compromisso,
amo e existo, e sei, não mais do que por isso,
e amo mais, se o torvelinho das razões
já cessa e leva o vulnerável que é capaz.

Vivo porque inspiro e exalo o meu Amor,
e, enquanto amar, sei que ainda perdurarei,
e há de perdurar na terra, o propulsor,
que não conhece qualquer termo ou idades...

Enfim, eu sei e, com certeza, afirmarei:
existe Amor, ainda... na Eternidade.

Fausto

O Bem e o Mal é o dilema sobre o qual
oscila eternamente a alma humana.
Questão maior que há entre todas, soberana,
primeiro sempre dentre todos os problemas.
Lançada assim sobre o inóspito dilema,
hesita a alma humana, agitada.
Pois Bem e Mal parecem ser um mesmo tema,
com gradações que vão do Todo até o Nada.
Pois escolher é sempre ousar reconhecer,
e converter teu Bem em algo ainda Maior.
Ousar matar e dar lugar ao renascer,
ousar beber de novo a eterna cicuta.
Avança, então, com decisão, rumo à disputa,
levanta e escolhe onde lançarás teus dados.
Em qual das linhas formarás, em qual dos lados,
desta eterna e árdua luta
aliarás hoje o teu braço?
Pois sabes que nada que faças
cairá no vazio ou é vão...
Fita os lados da luta e escolhe
onde alistarás teu coração.

Feliz Natal

Voa a vida, junto ao vento,
eterno mistério do Tempo,
voltamos ao ponto, ao Portal
que abre o acesso ao Centro
da Grande Espiral.
A Grande Mãe prepara o berço do Menino,
a Natureza aguarda o nascer do Divino,
faz-se o Natal.
Vê como o ruído se cala e o calor se reduz
e o Semeador espera
que o Grão da Primavera
irradie, em pura Luz,
reduzida à sua essência
transcendente e espiritual,
dando à luz uma nova semente,
que fecundará o mundo, novamente,
para elevar-se aos céus em outro Natal.
Todos os filhos dos Ciclos da Vida
circulam, cegos ou despertos, nesta Dança,
nessa espiral, envolta em esperanças,
que se converte em Cerimonial
quando se avança aliado à Natureza,
quando se marcha com consciência e com beleza,
buscando a Deus ao pisar cada degrau.
É inevitável que irradie o sentimento
de que algo novo surgirá, a cada momento,
na ascensão que leva ao ápice final,
no auge do dourado cone natalino,
no berço do teu coração, nasce o Divino...
É justa tua celebração; faz-se o Natal.

Fresta

Querida fresta que abri entre dois mundos,
de pouca largura,
discreta, modesta,
mas fresta...

Amo olhar através de ti
e vislumbrar outras perspectivas...
E só confio quando vejo em ti
e certifico que ainda estou viva.

Seja lá o que for que ainda tenha
ou que perdi,
ninguém me tira o alcance, o poder
de ver de novo através de ti.

Só mesmo em ti é que a dor se ilumina
e até me ensina e me esclarece..
Só com tua luz, a cicatriz não entristece,
e é tão divina...

Só mesmo em ti, tudo que sou, tudo o que fiz
revela um porte tão mais digno, grandioso,
e o meu sonho, ainda que gere pouca obra,
para a visão da minha alma, alcança e sobra.

Talvez não seja mais que isso o que fica,
quando chegar o próximo ou distante fim:
A fresta que abri para que a alma veja,
que mostra e areja algo de Deus que vejo em mim.

Fôlego

Unir os homens, conviver com os homens,
tarefa quase impossível, mas talvez
não haja vida válida ou real
senão para quem ousou tentá-lo ou quem o fez.

Fugir dos homens, será isso a paz?
deixar para trás todo cansaço e ruído,
buscar um espaço, nalgum canto deste mundo,
onde o silêncio é absoluto aos sentidos...

Então invento uma canção, na minha mente,
em uma busca intuitiva de harmonia.
Algo sereno ou suave, simplesmente,
a paz sonhada, agora expressa em melodia.

E imagino notas
diversas, no espaço, soltas,
que se combinam, buscando unidade...

De novo a busca da Unidade, agora em notas!
será realmente
que o que acalma é o mesmo que esgota?

Que tal tentar ouvir, na minha mente,
a melodia humana
e crer possível entoá-la, um dia?

Ou só lembrar da voz dos que a ouviram
da vida dos que a viveram
e avançar, com confiança, o caminho reto?

Que tal calar, mas calar por completo
a multidão mental desordenada,

tornar retiro silencioso este lugar,
não permitir que nele, agora, entre mais nada.

Então, atenta, arrumar a casa,
limpar os pés da minha mente e dar-lhe asas
e atingir um grau tão grande de harmonia
que, mesma plena, ela pareça vazia.

Então, sair, em meio a muitos, vendo Um;
em meio a contas espalhadas, com um fio;
pausar o surdo som com o alto silêncio,
preencher a multidão com o Vazio,

Propagar paz sem roupas brancas, de almas brancas,
a paz ativa da vitória da Unidade.
Não paz de fuga, paz de entrega e de conquista
de quem propaga porque é, e contagia...

E tanta luz gerar, que há de vir o Dia.

Geração Redentora

Renascer das águas turvas,
branco e puro como o Lótus
Saber ver, em meio à névoa,
indícios da luz que os espera.
Saber ver, em pleno inverno,
indícios de primavera.

Estar de pé perante a tempestade,
resistir à dor e ao sofrimento
e estender os braços no momento
em que tombam os sonhos de alguém.

Por amor, nos faremos presentes.

Pelos jovens que catam esperanças
no meio dos escombros e do caos,
ansiosos em montar quebra-cabeças
em que sabemos faltarem tantas peças...
Perdidos em pleno labirinto,
sem bússolas ou discernimento,
vivendo sem provar da vida,
tomando a direção que os leva o vento...
Ante tanta angústia e desalento,
quem de nós se negará à sua missão?

Por eles, somos, então, e sempre seremos
uma geração redentora.

Gilgamesh

A todos os que anseiam por eternidade.

Repousa o Semideus, o Grandioso Rei, em sua cidade...
Não vê que há limites, pois que é cego ante o que é pequeno.
O que ao Deus é doce, já para o homem, é qual veneno,
pois há que depurar sempre o paladar da humanidade.

Os Deuses o conhecem, e, com piedade, logo interferem,
semeando, na floresta, o que será seu amigo e irmão:
grandioso, mas mortal; do que é mortal, será guardião,
amante da floresta e inimigo dos que a ferem.

As feras dos dois mundos, terra e céu, os dois logo abatem,
são grandes os seus feitos, mas, eis que, um dia, o ciclo encerra,
pois nesta hora a morte lhes proporá um novo combate.
Em comoção geral, o irmão mortal jaz sobre sua terra.

Vencido pela dor, vejo o grande Rei, já prostrado e triste...
Reúne suas armas e se encaminha rumo à Verdade.
Desencantado, enfim, de tudo aquilo que aqui existe,
procura o Imortal, o que atingiu a eternidade.

O vencedor do tempo é um ancião, de terra distante...
Além do mar da morte, abriga o Rei, e o desafia:
desperto, em sete noites, há de saber da arca triunfante,
que cruzou o dilúvio e encontrou sua moradia.

Cansado da jornada, ele adormece e perde a história...
Acorda, condenado à vida e à morte, até que, um dia,
enfim, sobre seu corpo, sobre sua alma e sua memória,
esteja então selada sua completa soberania.

E volta o Rei à terra, já esquecendo sua aventura...
Ei-lo a erguer muralhas, sem se lembrar do que mais importa:
vencer monstros em si, conquistando a posse da alma pura,
e recordar quem é, e guiar seus passos à Eterna Porta.

Gratidão

A Michel Echenique.

E sobre os degraus da angústia e da dor eu me ergo,
e é tua a imagem que me arranca ao chão, oh, Senhor.
Relembro tua imagem, reúno coragem e me ergo,
de pé sobre os frios degraus da angústia e da dor.
Marcado em meu peito o Brasão do Senhor a quem sirvo,
é tua a memória que sempre caminha ao meu lado.
E, ainda que andando em outro mundo, não estarei sozinha,
minha alma caminha serena ao ouvir teu chamado.
Há algo que brilha ao longe e nos chama para casa,
tua voz soa em minha lembrança e me faz criar asas,
tua imagem desenha em meu peito um crisol de esperanças.

Já que insuflaste, em minha vida, a brisa fresca
que me livrou da mais cruel asfixia,
já que tirastes de ti a energia
para erguer-me e manter-me na trilha.
Já que fizestes de mim a tua filha,
que é, das marcas que trago, a mais honrosa,
destilarei de minha alma um doce aroma
para brindar-te com a mais rara e bela rosa:
eis uma alma que se abre e se reencontra
na luz solar que a alimenta e justifica.
O amor à luz, enfim, não mais, é só o que conta,
e ouvir tua voz, de tudo, então, é só o que fica.
De resto, é só entrega, é só segredo,
imergir diariamente no mistério
e retornar, livre de toda dor e medo.
E tua lembrança é o que de mais caro me sobra;
toma para ti minhas mais nobres esperanças,
toma meus braços no serviço de tua obra.

Herança

Antes que fechem novamente as cortinas,
pois há sinais de que este ato já termina,
há que entregar algo aos que encontro na coxia,
querendo-os aptos para o ato que inicia.

Há algumas coisas a dizer, de essencial,
das entrelinhas do script da vida,
das fibras mesmo que compõem este papel,
da sutil voz que por tão poucos foi ouvida.

Questionem tudo o que aqui se diz real,
e considerem mais verazes os seus sonhos.
Fadas e príncipes, princesas e dragões,
todo esse mundo, que intitulam de ilusões...

E os amores que se dizem fantasias,
contos de almas gêmeas e de amor eterno,
e os sentimentos, tudo que é sublime e terno,
jamais duvide: aí se encontra o que é real.

E até mesmo aqueles Contos de Natal,
de algum presente precioso, encontrado
numa manhã, premiando os méritos passados,
doces surpresas, singela felicidade...
Pura verdade.

Anote o que não deve acreditar jamais:
que a vida é marcha cega, ansiosa e amargurada,
querendo coisas que jamais servem p'ra nada,
fundamentada em ideias ocas e banais.

E que o instinto é soberano sobre as gentes,
e todos estes argumentos de impotentes

que, sem ver nada, tornam lei o não ver nada,
e dizem loucos os augúrios dos videntes.

Quem nasce de olhos fechados
mas morre de olhos abertos,
descobre o que é estar desperto,
e se reconhece num sonho,
sempre bem mais translúcido e fugaz...
E sente a sombra do Uno que há por trás
desse pequeno Eu, evanescente.

Se sente ao Uno, a si mesmo sente
no palco, e pode distinguir a realidade.
Pois, na caverna, quem retorna, entende mais
de sombras, do que o "douto" que as crê reais.
O mundo é sonho, e o que desperta é verdade.
Quem vê a vida desde tal ponto de vista
consagra o seu papel, real protagonista.

Essa visão, mais que precisa e certeira,
agora entrego àquele que a creia e queira,
aquele a quem faça sentido a lembrança
do legítimo roteiro,
trazido à cena da vida
por todo aquele que aqui foi bom artista,
pois sua arte, pura, aguça e apura a vista.

E, para a apática plateia, fica a herança
de, mais que espera e aplausos, buscar esperanças...
Notar que o sábio ator é dígito, em verdade,
das mãos do Grande Ator, final Realidade,
e, onde achar rastros de algo belo e puro,
não se esquecer que aí de fato há um portal...
buscá-lo em atos é o Dever... e é o Ideal.

Heróis e Poetas

Em parceria com Marcelo Tranqueira
(autor das 2 primeiras estrofes).

São, dos poetas,
os heróis, irmãos.
Pois fazem da vida, com seus belos atos,
os mais doces versos da bela canção.

Fazem, do corpo, a mais vistosa pena,
da sua vontade, a indelével tinta,
da sua terra, o mais belo papiro,
onde o poema, os astros lerão.

Sabeis que há heroísmo na poesia,
para extrair da dor toda a beleza,
e, do aparente mal, a alegria,
e, de cada degrau, toda a certeza,
e, do ruído banal, a sinfonia...

E eis que há poesia no heroísmo,
lançar sobre o vazio um forte brado
que há de ecoar além do abismo
e há de renovar os pés cansados,
que irão, vencendo a inércia e o egoísmo,
marchar de encontro ao eterno chamado.

Pois é tão lírico teu canto marcial,
tal como é épico teu arroubo de poesia.
Calor do fogo que dá forma, ao final,
à doce luz que vem trazendo um novo dia.

Hino a Helena Blavatsky

Surge, da noite dos tempos, uma Dama,
porta a Chama e a reaviva entre nós,
elo de uma corrente que desce desde os céus...

Ao nos verem, em meio à escuridão,
os Deuses nos legaram um nobre Elo: Helena.
Ao te ver, minha Alma se erguerá e tomarei teus sonhos em
minhas mãos...

Tudo que sei, aprendi em meio às flores
que empenhaste tua vida em reunir.
A missão recebida cumpriste com valor.

Faz que sejam tuas as minhas mãos
para plantar no mundo novas flores, Helena,
e manter acesa tua chama que arde e ilumina meu coração.

Homenagem a João Pessoa

À Terra que, carinhosa,
me acolheu, qual fosse um berço.
À Terra que a todos recebe,
caloroso coração,
doce qual fosse um fruto
que jamais sai de estação.

Sou estrangeira, como tantos
que se fazem paraibanos
rendidos por teus encantos.
Estrangeira com bagagem,
a que ora te ofereço,
sem ânimo de outras viagens.

Ofereço aos teus filhos
souvenir de terras gregas:
o amor ao Discernimento,
pois que não queiram ser cegos
em terras de tanto brilho;
que os heróis, não os leve o vento.

Que haja honra no que aceito
e fibra naquilo que "Nego".
Que haja um orgulho em cada peito,
vivendo em terra tão boa:
ser mais que João, José...
ousar ser até ...Pessoa!

Humildade

Preciso aprender a ser mais humilde.
Dar a minha humilde contribuição.
Carregar o humilde grão que florescerá, um dia, na colheita grandiosa.
Colheita que trará à luz a grandeza oculta na humildade.
Pois dele nasce tudo o que, um dia, germinará,
mostrando-se à Terra como nobre e valoroso.
Se não porto o grão que me cabe,
caindo na inércia, em meu delírio de vaidade,
quem transportará o grão?
Quem fecundará o ventre da Terra, para que a colheita surja, radiante?
Haverá, por acaso, maior grandeza no fruto do que na semente?
A Lei Universal da Necessidade, que os irmana, dirá que não.
Apenas os separa uma ilusão, nossa enganosa ilusão do tempo.
Que mérito haverá, se cabe a mim o grão,
querer que outros vejam em mim o fruto que não tenho,
pois o tempo de frutificar não é o meu tempo,
nem é minha a doçura e a plenitude realizada do fruto,
mas apenas a simplicidade e a promessa do grão?
A grandeza do grão é a que me cabe.
A potência discreta e calada, insuspeitada até, de uma colheita generosa.
A paciência e a resistência à adversidade, guardando o segredo e a
magia da vida.
Aos Deuses e aos Mestres, peço que semeiem
nessa terra fértil, que é meu coração,
o poder da humildade, que constitui, precisamente,
a grandeza do grão.

Identidade

Há algo, em minha alma gravado, qual nome e endereço:
"Eu sou, eu pertenço, eu obedeço."

A vida tem dado a mim muito mais que mereço...
Os bens que carrego, enfim, têm valor, não têm preço...
Com a alma nos lábios, dos laços liberta, agradeço...
Atenta, os fios da vida entrelaço e teço.

E, passo a passo,
caminho e cresço,
expando meu espaço
e ao Fogo me aqueço.

Na noite escura
de um mundo ao avesso,
 me sinto mais pura,
pois algo me inspira...

Ao longo das Eras,
em mim, já respira
e canta, em voz clara:

"Eu sou, eu pertenço, eu obedeço..."

Idílio de um Amor que sonha com Eternidade

Quando lembro daquilo que amo,
tudo é motivo para expandir e ir além.
As flores, que ninguém jamais veria,
encontram brechas para nascer e vir à tona.
As coisas nobres da vida,
o que emociona e, ainda melhor, tudo o que eleva,
e até as folhas secas, que o vento arrasta e leva,
tudo é poesia quando lembro do que amo.

E quando, aos quatro ventos, meu amor proclamo,
ouço ecoar minha voz nos quatro elementos...
e as emoções buscam, em espiral, os sentimentos,
e nada resta sobre a terra que eu não veja belo,
pois o meu amor é liga, é forte elo,
é compromisso com a beleza e com a esperança.
E até as aves, que compreendem tudo isso,
entoam meu amor a toda Terra, nas auroras.
E revigora o ardor, para quem luta e avança,
e esgotam-se as lágrimas, para quem sofre e chora.

Tudo isso, ao transbordar, o meu amor atinge e alcança,
pois, ao jorrar do céu em vales e montanhas,
preenche o que está vazio,
apara o que fere e arranha,
é cálido abrigo, no frio,
é brisa fresca, no calor.
E, acima de tudo, é Amor,
e estará aí, ainda, quando
as fúrias do tempo, soprando,
levarem os vales e os montes,

levarem o calor e o frio,
e só restar o vazio,
tão total e absoluto,
tão profundo e sem horizontes...
Aí está a nascente, a fonte
de onde brota o meu amor,
pois meu coração aí vive,
e baila, e dá à luz o Universo.
E aí nascem as leis, sempre em versos,
que, tomando forma em palavras,
são, em síntese, o que sinto e o que proclamo
aos quatro cantos, quando lembro do que amo.

Inverno

Ciclo dos tempos, que trazes a nós o Inverno
e que carregas para longe o Sol da Vida,
Fazes que esta a si se volte, reduzida
ao que jamais dela se afasta, o Sol Interno.

É o ciclo do ancião dos tempos, de andar lento,
vir aquecer junto ao Fogo o coração.
E acalentar aqui sementes, sentimentos
que darão frutos numa outra estação.

Se a fria noite abre as portas do recinto
buscando o Fogo, e aqui também o encontra extinto,
aonde irão brotar sementes de esperança?

Se não há vida em nosso peito, onde a Vida
achará forças para brotar, renascida?
Como do ancião renascerá nossa criança?

Jaya!

Saúdo a Rama, Senhor dos Mundos,
Renovador que és da Sagrada Chama,
Inspirador de nobreza e esperança,
por tua lembrança e a de tua saga,
Eterna saga da espécie humana.
Todos os seres, tuas ferramentas,
Todos lugares, teu Reino Eterno,
Tua própria vida nos alimenta,
Ser Radiante, implacável e terno.
Ainda é possível encontrar teus passos,
Nessa floresta indomada e escura.
Ainda é possível vencer o espaço
e resgatar, da sombria Lanka,
a nossa Sita, incansável e pura.

Eu me inclino a Rama, Senhor dos Mundos,
Tu nos renovas, Guardião do Dharma,
Voltamos a polir as nossas armas,
E retomamos nossas armaduras.
Por trás do aço, por trás das lâminas,
O nosso coração desperta e arde e clama,
Quem sofre e vibra em teu nome, Rama,
Jamais irá trilhar a terra em vão.
Ainda que trema o mundo ou a noite caia,
O tempo cessa ante teu Nome, Jaya!
E cessa a dúvida em meu coração.

Lar

Aos meus dois lares: terrestre e celeste...

Personalidade é coisa que adora lar.
Gosta de sair, mas gosta ainda mais de chegar.
Descalça os sapatos, pisa o chão,
cuida das plantas do quintal dos fundos,
brinca com o cão da casa,
relaxa, respira, extravasa
e se sente dona do mundo.
Se é virtude ou comodismo,
quem poderia julgar?

Só sei que há uma variedade
de saudade
que não se sente em casa
no lote tanto da rua tal.
Mas sente alegria igual
ou maior, quem saberá,
em outro tipo de lar.

Quando vê alguém crescer,
ser fraterno, ter nobreza,
ou quando vê flor sobre a mesa
e ouve canção inspirada...
Ou quando não vê nem ouve nada,
mas vira para dentro e acha paz.
Quando confere seus atos,
aqueles diários, banais,
e os acha puros...
Ou quando conduz, pelo escuro,
alguém, no rumo da luz...

Ah, que os sapatos da alma
num instante vão-se embora!

Ah, que a alma lança fora
todo o peso e adereço!
Lar da alma não tem preço!
É graça, espaço, expansão!
E obriga à conclusão
que não há melhor retorno,
que não há melhor achado.

Se a vida te sufoca
que nem gravata apertada...
Se cansa e machuca os pés,
é bom ter calma, rapaz...
Conferir o endereço
e caminhar com cuidado,
pois algo anda ao revés,
algo anda pelo avesso,
e tua alma, em rumo errado!

Lamento de Deméter
por Perséfone

Sombras que avançam sobre minha criação,
trevas que mantêm cativo meu mais precioso fruto,
nada mais direi, não mais clamarei,
pois sei que é chegado vosso tempo.
Só me calarei
e esperarei,
pois sei que nada é tão forte,
nem a vontade de Zeus,
nem o desejo dos Homens,
que faça com que o filho da Luz
permaneça eternamente nas sombras.

Vive, minha filha, tua saga,
desperta teu valor e coragem,
domina a escuridão,
vence o torpor e o esquecimento,
mostra de onde vieste
e volta ao seio da mãe que te espera.
Luta, minha filha, contra a noite
que quer te envolver
cegar e devorar,
pois ignora que tua natureza divina
jamais se mesclará à dela,
qual se nega ao torpe e denso óleo
a água pura e cristalina.

Ouve, minha filha, ouve
a Voz Divina que te chama.
Volta, minha filha, volta
aos braços da Mãe que te ama.

Liberdade

Mil vozes dentro de mim,
e eu disse não.
Mil forças à minha volta, um furacão,
e eu logrei sustentar o meu lugar.
Senti-me como um pilar
que escolhe, calmo, onde fixar suas bases,
seus fundamentos, sua fundação.

A folha solta rodopiava à minha volta,
pobre escrava do vento,
e assoviava, inconsciente, em movimento:
 "Como sou livre!"

Enquanto eu ousei atar-me ao mastro do que creio
em meio à voz das sereias que cantam
encantadoramente.

Quando quis mover-me, me movi,
na direção e tempo que escolhi;
já não ventava,
ou, se ventava,
pouco ou nada me afetou ou percebi.

Refleti longamente
sobre meus sonhos e sobre meu destino
sem ser levado pelos ventos da minha mente.
E só então busquei caminhar livremente
como um menino.

Vieram as tormentas de emoções
e eu escolhi estar sereno.
Vieram as ofertas da estação,
e eu escolhi o sabor mais raro.

Vieram as vozes, sonoras ilusões,
e eu vi tão claro que é possível estar sozinho.
Vieram cores, luzes, opções,
e eu escolhi estar em um ninho,
em meu próprio coração.
E, curioso, ao mergulhar nele, profundo,
cheguei diante do portal de um mundo
repleto de Vida
e nele vivi,

em plena Liberdade.

Litania a Atena

Senhora Divina a quem sirvo,
Dama Sábia e Serena...
Aos teus pés, deposito meu coração,
este e todos os demais que vierem a pulsar
sob o impulso da minha alma.

Que venha de ti essa Vida que canalizo, purifico e entrego à
Humanidade,
sempre mais, quanto mais tua tutela de Guerreira me permite a
vitória em minha batalha interior.
Ao abrir novamente, neste mundo, meus olhos,
que eles busquem sempre tua Luz,
que a encontrem o mais rapidamente que meu discernimento
permitir,
que, diante dela, o meu corpo se perfile e minha alma se reconheça,
e que a sirvam uma vez mais, incondicionalmente.

Que eu vença meus vícios através do serviço,
do Sacro Ofício de tua causa grandiosa.
Graças te dou, Atena,
por me tomares como tua filha,
e não me crerdes limitada e pequena.

Ao teu lado, meu horizonte se estende indefinidamente,
e, ao final de cada jornada,
é em teu Santuário que depositarei
minhas armas e minha vida.

A Ti, Dama querida, eu rogo,
que meu brado de guerra seja sempre e apenas
Em honra aos Deuses,
em honra aos Mestres
e a ti, Atena!

Lápide dos Filhos de Atena

"Procura a satisfação de veres morrer
os teus vícios antes de ti."
(Sêneca)

Tendo vivido sob a égide de Atena,
sob esta mesma imagem, hoje, eu repouso.
Sobre esta terra em que o meu corpo pouso,
peço que o sono seja só o suficiente,
nada mais,
para afiar e renovar minha alma ardente,
e renascer na terra entre os meus iguais...
Pois os filhos de Atena,
do poderoso Zeus, da Métis, tão serena,
encontram na ação prudente a sua paz.
Para o descanso, quero ter um só momento,
e pouca sede levo ao rio do esquecimento,
guardo a missão, que não se perderá jamais.
Para os que amo, a certeza e a segurança:
o amor real é pacto sólido, aliança
que o fio contínuo, vida e morte, só valida.
E aos que eu não conquistei amar ainda,
quando esta forma me abandona e a vida finda,
firmo, em nome da Unidade, um compromisso:
ainda que haja um precipício de egoísmos,
Trabalho, Amor, Vontade sempre vencem abismos...
Hei de tornar à terra e trabalhar por isso.

Mais uma vez a Beleza...

O que faz com que o vento sacuda as árvores e arremesse suas sementes ao ar, girando alegremente suas hélices, buscando um novo lugar?

O que faz com que as crianças possam ser tão belas, graciosas e puras? De onde vem aquele ar delicado das manhãs, úmido de orvalho, repleto de revoadas de passarinhos, eufóricos e barulhentos?

E aquela sinfonia de cigarras numa tarde de primavera, quando os caminhos se enchem de mamães empurrando carrinhos e de pequenos que retornam para casa, ainda com seus uniformes escolares, numa ruidosa explosão de alegria?

E o olhar do cãozinho, esgotado de correria, arfante, pura felicidade pelo simples fato de existir?

Será demasiado pensar que cada momento de beleza é eterno? Morrem os corpos que a refletem, mas como poderia morrer a beleza?

Onde estará a fonte dessa senhora tão desejada, cantada em prosa e versos que ousam querer retê-la ? Poderia beber dessa fonte para eternizar alguma beleza em mim ? Como pode ser que haja vida sem que haja beleza?

Tantas perguntas, e ela, fugidia e calada. Meu coração, à sua presença, torna-se tão pleno que, sem dúvida, alguma coisa dela em mim permanece.

Cálida beleza, senhora das manhãs, das canções e das flores, musa inspiradora dos heróis, artistas e crianças...o sabor de plenitude que me dás antecipa a glória e o gosto do dia em que estarei em teu mundo e enfim verei o teu rosto.

Mariposa

Algo em mim ama os Mistérios
qual mariposa ama a luz
e busca, incansável, esta luz,
tão tenaz e persistente,
inebriada em seu brilho,
Insistindo em tocá-la,
sonhando em fundir-se com ela,
rondando-a ciclicamente.

Em meio a seres de maior grandeza,
há que lembrar da simples mariposa,
esta que queima suas frágeis asas,
esta que cega sua visão incipiente
e que, por vezes, vai ao chão, extenuada,
retoma o fôlego e arremete novamente.

Mas o inseto também guarda seus segredos:
sabe que, um dia, seu fascínio imprudente
vai reduzi-lo a cinzas, tarde ou cedo.
Mas, dessas cinzas, ela nascerá de novo,
qual fosse uma fênix de asas transparentes.

E onde quer que renasça a mariposa,
há de elevar o seu recém-nascido olhar,
e, em seu primeiro voo, há de buscar
de novo a luz, reavivando o pacto antigo,
a mesma chama, mesmo ígneo perigo,
cruzando o tempo numa longa espiral
de asas e cinzas, rumo à fusão final
da mariposa em luz, seu tão sonhado abrigo.

Tu, que optaste por portar a Luz,
saibas que é o teu destino este séquito:

com alma intensa e corpo frágil, estranho inseto,
pois que tu sonhas como ele, só com luz,
e compartilhas de sua busca obstinada,
e compreendes os mistérios desta meta,
fatal, sutil e intensamente desejada.
Tu, que gravaste em tua alma a própria chama,
esta que arde em ti, e sempre em ti reclama
pela fusão, pela missão final cumprida,
pela União que há de libertar a Vida.

Meu Corpo

Por um espelho, inerte, vejo o meu corpo,
como em repouso, à espera do comando
dos caprichos de seu dono
que, nesse momento, sonha
em andar por territórios
onde ele não o pode levar.

Então, obediente, ele espera,
como sempre...
Meu veículo, dócil e paciente,
à espera de mim.

Às vezes, me surpreende que, ao indagarem por quem sou,
eu exiba sua imagem,
e que seu nome, que com ele nasce e com ele morrerá,
seja a mim associado.
E assim, alguma vez, eu o rejeito,
como fosse um vestuário
sufocante e estreito.

Mas, outras vezes, como agora,
observo-o de fora, com ternura,
e vejo o quanto me tem servido!

Seguiu-me até agora, constante,
por todos os caminhos que lhe ordenei pisar...
Gerou outros corpos, quando assim eu o quis,
suportou-me, oscilante,
sofreu e levou em si as marcas de seu ocasionalmente
imprudente condutor,
que não hesitou em, mais de uma vez,
desgastá-lo desnecessariamente.

Assim como arrastou as culpas por minhas inércias e minhas paixões...
Tudo aceitou...às vezes, com tímidas reivindicações
de um pouco mais de repouso e de cuidado...
E hoje ainda, quando angustiado
eu me sinto, por não haver conquistado asas,
suporta a culpa por me ter aprisionado
tão longe de casa.

A verdade é que, nos momentos de lucidez,
às vezes, o invejo,
por sua resistência e abnegação,
por sua devotada obediência
a uma voz que lhe parece superior.

Tempo virá, meu corpo, em que te devolverei,
exausto e inerte, nos braços da mãe piedosa
que te cedeu a mim...
E ela te envolverá e levará de volta
para o seu ventre,
e te dará o justo reconhecimento
e o justo descanso...

E eu voltarei, sonolento e pouco consciente,
ao Pai-Mistério que te fecundou com essa semente,
essa voz que conheço como "eu".

A verdade é que ouço sons que me convidam a despertar,
a voltar para casa,
vozes sagradas, réquiens de Mozart, versos de Rama,
e tantas outras coisas que queimam feito chama
em meu, em nosso coração.
Entendo-as pouco, tanto quanto tu as entendes...
Mas sei, intuo que, um dia, essas vozes
virão nos separar.

No entanto, não temas:
pois tua mãe é infinito Amor,

e há de te modelar em novas formas,
e te entregará a um novo condutor,
quem sabe, mais gentil e mais prudente...
Também não morrerás.

Quanto a nós dois... não sei, mas também o sinto
que os passos válidos que demos juntos,
que os momentos em que te curvei ante o sagrado,
que os instantes que te fiz chorar
diante do nobre e do belo...
Tudo isso e algo mais há de ter forjado um elo,
que há de um dia, sumo segredo,
resgatar tudo que foi vivido,
recolher cada passo que foi dado,
reunir todas as sementes.
E, então, meu corpo, humilde e dedicado,
me encontrarás ao teu lado, novamente.

Missão Marítima

Para Lu Diniz.

Até bem longe, onde a vista alcança, lanço meus sonhos,
e, então, flutuo num mar repleto de esperanças...
Projeto minha vida, em um arco ascendente, até o horizonte,
até aquele ponto em que o Céu finda e o Sol descansa.
Prendo minha alma a algo ainda maior que a vida,
e assim atada, em estreito laço, ela se liberta,
baila pela Terra como estivesse em pleno espaço,
imprime em meu corpo o justo compasso e a direção certa.
Posso ouvir os sons que ecoam além do que o tempo alcança,
chamam por meu nome e me arrancam ao sono de um mundo denso...
Plena e segura, minha alma se depura e meu corpo avança,
qual terra que aflora, emergente e pura, em meio ao mar imenso.
Há que expandir para a Humanidade o ancestral segredo,
sob a superfície escura e abismal, seu poder latente...
Partir desta ilha de saber real e, vencendo o medo,
expandir fronteiras, vencer barreiras, erguer continentes.

Mistérios

Para aquele que me ensinou tudo o que sei sobre mistérios,
e me contagiou com seu amor por eles...
para Luis Carlos Marques.

Mistério é flor barrando o tempo, em sua disputa
pela beleza contra o caos, solene e calma...
Quando a vejo, eu me vejo, em minha luta
para que o tempo não envelheça minha alma.

Mistério é dor aguda no meu peito, à noite...
É o coração que sinaliza uma ferida...
Com precisão, aponta um tempo, uma ação
em que rompi com a delicada lei da Vida.

Mistério é luz na minha janela, nas manhãs,
que sempre volta após a treva longa e intensa.
Prova vivaz de que a Luz será capaz
de ser, do Homem que amanhece, a recompensa.

Mistério é o tempo que arrasta quase tudo,
mas este "Quase" também é grande mistério...
Sonoro e mudo... a um tempo, sólido e etéreo,
que está em mim, mas também está em toda parte...

Mistério é vida e morte no rastro da Arte,
embora a Grande Arte desconheça a morte...
Faz pontes entre quem está, e com quem parte
e aquele que aqui se eterniza, por seu porte.

Mistério é Amor buscando vias por plasmar-se,
Ávido Amor, que rompe amarras e abre sendas,
da alma, fôlego, do coração, catarse,
como se transbordasse, pleno, em oferenda...

Mistério é tua palavra sólida e expressiva,
tão simples, forte e contundente, tua palavra,
que brota em mim, semente luminosa e viva,
nos sulcos que a sede da alma abre e lavra.

Mistério é estar no Coração da Vida
como quem deita no mais doce leito...
Sentir o Corpo que te envolve e aceita,
e ser a célula que diz: Te aceito.

Morte matuta

Quem foi que calhou de dizer
que não se ia morrer,
que a gente ia ficar pra semente?
Bem que a intenção do dizer
fosse boa,
causou prejuízo grande
à toa
quando o povo deu de achar
de viver sem se acabar...

Pois durar pra sempre, pra nóis,
é ficar que nem que agora:
com tudo que é manha e mania,
mesminha fachada no espelho,
um tanto mais novo ou mais velho,
tudo, tudinho igual:
o sestro que não vai embora,
o gosto por manga com sal...
a marca de catapora,
tudinho pra sempre, imortal.

E aí começa a pendenga,
de gastar toda energia
pra promover esse corpo,
com seu nome e sua fama,
exibido, lá no alto,
qual santo de romaria.
E dá-lhe vida pra isso!
canseira de compromisso
cumpadre, sem serventia!

Pois dei de dizer pro espelho
que não vou só ficar velho

ou querer só ficar moço,
parado, qual água de poço:
vou morrer, morte morrida!
Que a trela que dou pra essas coisas,
não garante que isso é vida:
que o tempo se vai, que nem vela,
ou água em moringa poída.

Depois de bem mastigado,
e o espelho, conformado,
eu hei de, amuado, dizer:
Tá certo, já que é sem jeito,
se há mesmo de morrer,
só de birra, morro agora!
Com a morte decidida,
quem sabe não sobre, cumpadre,
tempo para viver a Vida!

152 Talvez nem seja o caso
de deixar da manga com sal...
nem dos causos da infância
sem desassossego ou ânsia
por se achar especial...

Tomando tento
que tem mais na vida que espelho,
sem a canga, o burro velho,
fica até bem menos lento!
Vê as gentes, vê as coisas,
vê os causos, e até
fareja tudo o que não vê:
arreda o antolho e o chapéu,
olho o outro, olha o céu,
entende das coisas da vida,
se achega às coisas de Deus...

Tudo isso, o matuto só vê
depois que a morte é fadada.
vendo isso, até me arvoro
com coragem de dizer
que não tem melhor pra Vida,
essa grande, bem vivida,
meu cumpadre,
que aceitar de se morrer!

Muitas vozes, minha voz

Nesta manhã, despertei com algumas notas
simples, suaves, soltas,
de uma voz, que percebi partir de mim,
tão agradável para os meus ouvidos,
acostumados apenas ao ruído
do árduo temperamento, carga herdada
de pais e ancestrais distantes e esquecidos...

É o meu dever buscar devolver
a pesada herança aos donos reais
e, assim, ser capaz de avançar e viver
com bem mais silêncio e com maior paz.

Também costuma ferir os meus ouvidos
a lamentosa e aguda voz carente,
tão comum no feminino inconsciente,
buscando gotas de atenção e de carinho
a um alto preço, cujo peso eu não mereço.

Não é minha, também esta:
tem seus servos e seus amos,
quem a vive e quem a gesta.

Ainda ouço o rangido do eterno ruminar
do rebanho ansioso,
que tem me feito tensa e angustiada,
à espera de tanto,
à conquista de nada...
São tantas vozes fúteis e vazias
que eu me habituei a ecoar...
Mais sons que irão achar seus donos vários...
Que irão voltar aos seus zelosos proprietários.

Mas aquele... era um som diferente,
de um timbre tão tocante e puro,
que cantava lembranças encantadas
colhidas no passado e levadas ao futuro.
Eram simples cantigas de embalar
de uma mãe amorosa e singela,
que entoa suas canções sob as estrelas...

Aconchegada em seu peito, estava a Vida,
que sempre vibrará ao som dessa canção
ocasionalmente ouvida...
Um dia, essa lembrança, nova e antiga,
e a perfeita harmonia dessa cantiga
suavizará, em mim, as feras que há na terra,
despertará, enfim, as aves que há nos céus.
e, ao invés de sons caóticos, ao léu,
entoarei, consciente, essa canção arcana,
E, do latente, emergirá a doce dama...

E é somente neste dia, nunca antes,
que irei entender toda a magia deste instante,
dessas manhãs despertas com esta melodia...
Livre de ruídos e de amarras, de antigos nós,
eu encontrarei, depois de buscar insistentemente,
nessa multidão, milhares de vozes, a minha voz.

Natal

Tempos antigos... pouco nítidos, remotos,
ainda que bem mais intensos que o agora,
pois que jamais deixou de ser vivo e real
o meu fascínio pelas noites de Natal.

Luzes e cores e a vontade de voltar
para um misterioso lar
que, insistente, em algum lugar, me atrai e espera...
Chama latente em minha vida, herdada
desta minha pátria já distante e bem guardada
em algum canto antigo do meu coração,
país longínquo, desprovido de paixão,
e adornado só com simples emoções,
dourado e matizado em sonhos e certezas
como a de achar, em algum lugar, um Ancião,
puro e tão sábio, radiante e luminoso,
que, em meio ao frio,
é calidez de uma esquecida alma ardente,
Presença Pura, o mais precioso dos presentes.

Há de existir este mistério, onde estará?
Esse encontro pelo qual eu tanto espero,
de uma noite clara e plena de Natal...
Brinquedos lindos, que funcionam qual portal
para um mundo extraordinário de aventuras,
mesas com doces, pirulitos e lembranças
de um sonho que a todos embala e a tudo cura.

Ah, as eternas crianças...
sempre perdidas em si mesmas, sempre tristes,
já esquecidas de que Papai Noel existe,
por um momento, porém, redimidas
pela magia desse sonho imortal...

Sei que um dia surgirá, sinto esse dia,
em que seremos todos puros como antes;
resgataremos este tempo tão distante
e tão presente...
E todos nos apoiaremos, simplesmente,
sobre as janelas, alcançando seus batentes,
a buscar renas galopando em céu brilhante...
Com rostos sujos de açúcar e confeitos,
com almas simples, mas com corações perfeitos
e debruçados nas janelas que nos dão acesso aos céus.
Puros, singelos, olhando e contando estrelas,
tentando ver se encontramos a Mais Bela,
que é a janela em que se debruça Deus...

Natal Matuto

Os homem sonha com o Filho de Deus
enfeitando tudo em volta,
comendo e bebendo à solta,
largando fogo de artifício...

Eu, cá, quieto, no meu ofício,
capiau cuidando o gado,
cigarro de paia de lado,
também tenho os sonhos meus.

Lembro pouquim das história
ouvida nos catecismo,
mas às vez, à noite, cismo
e sonho com o Filho de Deus.

Tenho pra mim que o Filho de Deus é um Vaqueiro,
Peão Valente, na montaria ataviado,
Gibão lustroso, toma as rédea e leva o gado,
que ruma sempre só pradonde Ele quer.

Voz de comando que amansa a boiada,
sossega o boi, que não se afasta da invernada,
mas marcha reto e peita sempre o que vier,

esquece o medo e cruza a brabeza do rio,
pois é tão firme a Sua destra no mister
que a sua rês desfila manso e macio.

Eu sonho o Filho de Deus feito Sol, no nascente,
tal qual um Vaqueiro valente,
posudo, soando o berrante,
no seu cavalo, empinado...

De seu ofício ciente:
tocar o gado e acordar a gente,
seu chamado marca o rumo
do vaqueiro forte e honrado.

Eu sonho um dia acordar e topar com o Vaqueiro
me desafiando e tomando a dianteira
pra uma empreitada que num existe outra igual...

Ah... nesse dia, capiau, queira ou não queira,
o povoado tenha enfeite ou tenha bandeira,
seja domingo ou em plena quarta-feira,
é nesse dia que, pra mim, vai ser Natal!

Natureza Humana

Eu queria a força e a coragem dos Homens,
discernimento que sabe dosar
dureza e doçura,
na justa medida.

Eu queria a grandeza dos Homens
que medem seu porte
não pela dimensão física de seus corpos,
mas pela estatura de suas almas,
que se erguem, grandiosas, rumo aos céus.

Queria a única liberdade possível,
a dos Homens,
de correr na direção certa, pela trilha da Lei,
braço de Deus estendido sobre o Cosmos.

Queria a vida plena e pura dos Homens-lótus,
que emergem da lama
e purificam-se pelo poder da Vontade.
E queria a paz dos guerreiros,
vigilância atenta, tensão da vida
que não prescinde de princípios
por apenas sobreviver.

Queria o silêncio dos Mestres,
palavra justa na hora precisa,
pura alquimia que engendra Homens,
que forja Reis.

E não apenas queria, mas quero,
pois, graças à harmonia e ao mistério
desse grandioso Universo,
Homem é o que me cabe ser.

Nau dos sonhos

Os Sonhos são territórios,
como pátrias escolhidas.
Com sonhos, são feitos modelos,
e deles se molda a Vida.
Vida sempre tem sede de História
e tem fome de conquistas.
Nos Sonhos é que se avista
a meta, o Novo Mundo...
Avante, a nau viajante
do Sonho mais que fecundo,
vislumbra o mar bravio
das intempéries, das provas.
Em busca das terras novas,
capitaneando seus pares,
enfrenta o herói os mares,
seu Sonho é sua Bandeira.
E vê, com a visão ligeira,
a terra a ser desbravada.
Entre escombros, entre sombras
onde o comum não vê nada,
o nativo da pátria dos Sonhos,
mente calma e olhos vivos,
manobra sua nave, altivo,
rumo à Luz, farol da alma.

Vivo livre, pois que, inteiro,
navego com sua condução;
sua Bandeira, seu Brasão,
marcas de minha identidade:
de quem sou, o Passageiro,
de quem conduz, Coração,
da bússola, a Tradição,
do porto que busco, a Verdade.

Não fale com estranhos...

A um amigo desconhecido.

Temos passado um pelo outro em tantas rotas,
tem nos banhado o mesmo Sol, com suas notas
ardentes e generosas,
que harmonizam vidas ruidosas com Amor mudo...

Não temos quase nos falado ainda, contudo,
pois que a voz antiga do passado
nos aconselha a ignorar desconhecidos...
No entanto, sinto que essa voz é um engano,
pois que, no palco reservado ao humano,
eu, tantas vezes, tenho estado ao teu lado...

Relembra... estive ao teu lado quando,
envolvido pela paixão,
acreditastes enfim ter encontrado
a outra metade de ti mesmo, teu reverso,
e a tua alma, aturdida, embriagada
com o sabor dessa união, embora limitada,
já transbordava em emoção e em doces versos...

Saboreamos juntos esta intensa,
a um tempo, doce e amarga experiência!

Estive contigo desfrutando o mais perplexo sentimento,
no dia que a Vida passou por nós e gerou mais vida,
e aquela nova criatura, como do nada surgida,
quis vir à luz... puro mistério presenciamos neste momento!

E, intimados pela Lei da Vida,
nós entregamos, àquele ser, desvelo e amor, doçura e alento.

Estive também ao teu lado quando
um dia, achaste estranho teu rosto no espelho,
e assim, brincando de imortais, nos vimos cada vez mais velhos,
embora algo, em nossa alma, ainda fosse como era antes...
Senti, contigo, nestes instantes,
o quão veloz o novo faz-se antigo...

E também estive contigo, ao teu lado
quando alguém, querido, de nós foi levado...
para onde? paradoxo dolorido, sem saídas
pelas portas comuns da vida,
que exigiu que buscássemos respostas
bem mais além do trivial e da ilusão...

Sentiste? suavemente, nestes momentos,
a minha mão, inquieta, buscava a tua mão...

Vê que és bem mais do que apenas um irmão,
pois és um outro eu-mesmo, embora isolados
por divisórias feitas em um papel fino
como um véu, de linho opaco e delicado...

Portanto, esquece o que disseram ao menino...
nem toda voz antiga é verdadeira!
Não sou estranho, e todo o tempo estou contigo...
Já não me chames apenas de um amigo,
pois somos um, e o veremos, quando queiras
erguer os gastos e já rotos véus...

Somos intérpretes do mesmo drama humano
buscando achar um território estável, ameno
aonde ir repousar nossos cansados pés...

Qual a divisa entre as nossas duas vidas?
Buscando em ti, eu vejo parte do meu mundo,
Buscando em mim, entenderás mais do que és...

"O Choro pode durar uma noite...

...mas a alegria vem pela manhã"
(Salmo 30:5)

Ao Mestre invisível que me alcança com essas doces palavras de amor... Tuas palavras fazem com que o pranto se transforme em benfeitora chuva que irriga meu coração, fazendo-o florescer.

Sinto teus dedos tocarem meu rosto e recolherem cada lágrima para que nenhuma se perca, para que todas se vertam sobre a árida terra, trazendo fertilidade e Vida.

Já nem anseio pela manhã, pois que és Tu mesmo, para mim, a própria expressão da alegria, da poesia e do Amor.

Eis, Senhor: já vem a luz do dia, qual prenunciaste; já alcanço vê-la. Já vem a luz que garantirá o germinar de cada semente que manti-ve viva com minhas lágrimas na noite dos tempos.

Graças, Senhor, por haver chorado; graças a cada agente teu que fez verter minhas lágrimas no caminho. Pois só assim pude sen-tir teu doce toque em meu rosto; graças por fazer-me útil, ainda quando choro. Graças por poder servir-Te como sou e como serei, eternamente.

Que todas as minhas lágrimas e sorrisos sejam úteis para Ti, pois, aos teus pés, tudo se justifica.

Sinto teu braço firme conduzir-me para casa ao longo de uma estrada que se encontra com o horizonte. Sinto o olhar doce com que acompanhas minhas correrias, na ânsia infantil e impensada de te fazer orgulhoso de meus avanços. Percebo tua compreensão e incentivo; vejo tua sombra ao meu lado, ainda quando insisto, teimosa, em olhar apenas para o chão. Vejo o poente para o qual caminhamos e te sonho ao meu lado no horizonte. Imagino-me a rodopiar à tua volta, na euforia de estar contigo, enquanto o Sol desce ao nosso encontro.

Graças, graças, Mestre, pela esperança de mais um dia...

O Homem Velho

À Afrodite de Ouro, a juventude da alma.

Pobre do homem num mundo sem Deus!
Perplexo diante do paradoxo e da fatalidade,
pobre e patético homem,
caminhando sozinho em direção ao inevitável,
fingindo ser eterno, sem crer na Eternidade.

Habita uma terra inerte e muda;
tomando seus frutos, destrói, dilapida.
Vaidoso e arrogante, este que sê crê
o único ser a desfrutar da vida.

Não menos cruel ele é entre humanos,
somente com os seus é capaz de dispor
de um pouco de afeto, atenção e respeito,
talvez mais por posse do que por amor.

Como pode ignorar o evidente,
de que linhagens, posse e parentesco
traduzem-se em pó na linguagem do tempo,

partículas soltas nas mãos da Natureza,
que já não guarda afinidades ou sobrenomes
nem reconhece ancestrais ou descendentes?

A sua crença numa superioridade,
numa real e intrínseca diferença
graças à vestimenta que ora usa,
opõe-no ao mundo, como um desafio.

Suas crenças valem mais que quaisquer crenças,
suas cores, mais que as cores da Verdade,

sem ver que, a um canto, já falha o tecido,
a mão de Cronos a puxar-lhe o fio.

As obras que saem de suas mãos frias
voltam a elas, avolumadas materialmente,
mesmo que ao custo de, em seu percurso,
deixarem tantas mãos feridas e vazias.

A principal obra do homem
já não é a construção do Homem,
pois o homem já não reconhece o Homem,
e nem sequer supõe sua existência.

Solto e sozinho, num mundo casual e injusto,
está desprotegido como uma criança.
Eis, entre nós, um homem realmente velho:
mortos os sonhos, morta a esperança.

Mas eis que se ergue o ancião e abre a janela,
deixando entrar, então, a luz do dia,
e, a despeito das leis da entropia
que regem este mundo plano e linear,

onde toca a luz, tudo transmuta,
o que parecia caos, em harmonia,
o desrespeito e o egoísmo, em cortesia,
o homem velho, num ser que já não tem idade.

Percebe, então, a sutil realidade:
o verdadeiro Ser supera idades
e paira, etéreo e livre, sob a luz,
e é dele mesmo, enfim, que ela irradia.

O que são os mestres?

O Mestre é o mastro que sustenta Odisseu
em frente ao canto envolvente das sereias.
Em quantas praias, contra quais monstros de Maya,
atado ao Mestre, a própria mente ele venceu?

O Mestre é o mastro sobre o qual se ergue a bandeira,
flâmula leve, bela e viva desta via.
Imagem digna da energia verdadeira,
mensagem-signo de amor-sabedoria.

O Mestre é o mastro do estandarte do guerreiro,
o que com arte o porta, e parte com valor.
Filho de Marte, alcança o alvo verdadeiro,
Senhor da Morte, mas do Mestre, servidor.

O Mestre é o mastro do martelo que modela
com Fogo, a âncora da Alma nesta terra.
Fiel ferreiro, sabe da missão que encerra,
na luva, a Mão Divina, ativa através dela.

Mestres são mastros, não o vês? Mestres são pontes!
Que sinalizam novas terras e horizontes,
Que unem terra e céu, cortantes, verticais...

Mestres são mostras de que não estamos sozinhos,
Alguém, à frente, vê o Norte e abre caminhos,
Mais do que mastros, pontes... os Mestres são Pais.

O que tenho para te oferecer

Sei que não sou a hierática e sutil dama
Que jamais sofre ou chora.
Talvez não seja o referencial perfeito
Que necessitarias tanto encontrar.
Mas, sabe, algo aprendi, dia após dia...
Por exemplo, onde ir buscar a alegria
Mesmo em meio a mil lágrimas
E posso te ensinar!

Claro, eu não sou aquela dama que irradia
autocontrole o tempo todo, e tanta paz...
Mas aprendi, com esforço, noite após noite,
Como é que a noite se faz:
Basta virar as costas para o Sol...
E esquecer, por um momento, de quem sou,
o que não deves te esquecer jamais...
Posso te ajudar!

Sim, sei que eu não encontrei ainda a chave
do mistério da vida,
E que, por vezes, tanto tenho me detido
Ante uma porta fechada.
Mas, de jamais arrefecer, sei o segredo,
E se quiseres, tentarei também contigo.
Basta bater uma e mil vezes
E, um dia, se abrirá; não tenhas medo!

E sei, do pouco que aprendi, compartilhar:
O dom de, em meio a um mar de dor, não naufragar,
 Se necessário, tatear no escuro e
jamais perder as esperanças no futuro.
Saber que sei sempre tão pouco e, por fim,
Não perder a fé na vida,
Não perder a fé em mim.

Se queres, a esperança que possuo é vasta,
Pode ser dividida.
E posso te dar.
E, ainda que não haja certeza no que faço
E tanta luz no que digo,
Há, em mim, fibra, e um coração que insiste,
um sonho que não morre, ainda que, às vezes, algo triste,
e posso sempre dividir tudo contigo!

Outono

Momento de maturidade, luz dourada,
Safra colhida, há que extrair o grão
que voltará à terra na estação
em que se brinda à vida renovada.
Tarde dos ciclos, hora do poente,
De colher frutos, cumprida a missão,
Sintetizar a vida em sua expressão
Mais reduzida, misteriosa semente.
Logo virá a noite, e a vida hiberna
E a lei dos ciclos cumpre seu caminho
Que vai da vida dual à vida eterna,
Qual frágil uva ao persistente vinho.
Que ao passar por nós, o áureo outono
Faça ecoar o som do duradouro...
E, ao mergulhar o transitório em sono,
Possa tornar homens de terra em homens de ouro.

Observações matinais

Veias azuis vejo florescer em minha pele,
sinalizando o intenso trânsito do tempo...
Talvez cansaço, talvez a monotonia,
sangue fluindo sempre pelas mesmas vias.

Sem amargura o vejo, e até com alegria,
neste colóquio matinal com o tempo-artista,
pois não só trilhas ele traça ante a minha vista:
deixa escrituras em azul caligrafia.

Algo aprendi daquela magna ciência:
meu sangue cumpre seu trajeto em mesmas vias,
mas não o faz assim a minha consciência.

Esta desbrava estradas numa terra nova,
e se renova na instigante aventura,
qual água, canta e chora pelas pedras/provas,
decanta o pó, decora a vida e se depura.

Olho minha pele, fina e sempre mais riscada
por suas complexas e azuis sendas e estradas,
e afago o tempo, com doçura e gratidão,
pois tem passado sobre mim, mas não em vão.

Oferenda

Delicado relicário,
com brilho de diamantes,
embalo o mais belo presente
e oferto o meu coração.
Marcado de dor e alegrias,
buscando expandir-se e ser pleno,
rompendo a prisão da crisálida,
nascendo à luz da manhã, cálida,
desdobra e usa suas asas,
tornando o mundo pequeno.

É um prisma do Senhor do Mundo
que esse Ser gera e ilumina,
cravado por Ele em meu peito,
capaz de tingir o opaco,
capaz de mudar o imperfeito,
qual fosse uma frágua divina.

Percebo nascendo, em mim,
em meu coração, o emissário
da Voz do Senhor do Mundo.
Meu coração-relicário
de um Mistério tão profundo.
Meu coração, portador
da boa nova à humanidade,
buscando, ainda à custa de dor,
a mais prístina Verdade.
Meu coração-atanor
do mais sábio alquimista,
que explode em tanta luz
que cega e deslumbra a vista.
Solitário possuidor
da chave entre o bem e o mal.

Qual forte catalisador
do Ouro Filosofal.

Meu coração, todo Amor,
é o mais singelo presente
que, diante deste altar,
exponho, humilde oferenda.
e os Deuses o envolvem em rendas
e escolhem a quem ofertar.
E a mim, só cabe aceitar
o implante divino e perfeito
que rasga os véus da ilusão
e rompe com a separação,
e faz com que o meu coração
pulse, agora, em outro peito.

Oração do Jovem

Senhor, dá-nos a nossa dose de Glória...
Libertai-nos das cadeias asfixiantes
do apego desmedido ao conforto e ao prazer.
Fazei com que cada manhã invada nossa alma com luz,
afaste as nuvens do esquecimento e traga à tona lembranças
que soem como música, que despertem, como mágica,
Como contundente chamada para buscarmos o que ficou inacabado.
Dá-nos as justas lágrimas, Senhor, pela dor que carregam os homens,
Mas dá também o calor da chama para espantar a inércia
e pôr-nos de pé ante a tormenta,
na atitude de quem ama os desafios,
para que possamos perceber em nós teus traços,
A nós, que te sonhamos o mais grandioso guerreiro,
E que temos a sede de servir-te neste mundo,
Emissários de tua força, portadores de tua insígnia, extensão de
teu Braço..
Reforça em nós, Senhor, nesta manhã, a lembrança,
Que não sejamos vencidos pelas sombras que pairam
sobre os que dormem indefinidamente,
Pelo torpor que traz inércia, desonra e covardia,
E nem tomados pelo medo, pelos pretextos da mente,
por ruídos e argumentos de nossas montarias,
com seus apelos vários.
Ensina-nos a negar o capricho de estar onde parece melhor,
E dá-nos a glória de estar onde somos necessários.
Que nenhuma dor seja mais contundente, mais dilacerante
que a da mediocridade e a da apatia.
Que avancemos, com teu Brasão, contra as sombras,
Que te orgulhes com nosso Valor,
Que cada célula nossa vibre de asco e de compaixão
ante a deslealdade e a fraqueza.
E que amemos, acima de tudo, teu Poder e tua Nobreza,
e que esse Amor imprima em nós os sinais de uma saga sagrada,

de Escolta de Honra do Senhor do Mundo
em sua missão pela Terra.
E que esse Amor, e nenhum outro, seja o Nome
ante o qual nossa alma se reconheça.
a cada nova Alvorada.
Senhor, dá-nos a nossa dose de Glória...
Senhor, dá-nos a nossa dose de Glória...
Senhor, dá-nos a nossa dose de Glória...
Glória!

Osíris

Um dia, diluirei minha frágil forma...
serei semente.
Em algum lugar especial, na Mente,
Corpo Causal,
o essencial da vida será resguardado,
e, no momento preciso e ideal,
despertará sobre a terra novamente.

De novo a Mãe abrigará, em seu ventre
bendito fruto, o Rei do Mundo, o Falcão,
Ave de olhar preciso e voo alto...
Ávido por vingar a Esposa, em luto,
há de lutar contra a Dissolução.

O que eu lograr assimilar, desta disputa,
será extraído, ao fim do ciclo, novamente,
e bem guardado estará, em sua semente,
para outra estação.

Senhor dos Céus, Senhor da Terra, Mãe Divina
e o incansável Senhor da Dissolução...
O que Eles são?
Mistério eterno
ou ferramentas com que o Uno tece o fio,
e que oferecem ao Homem o desafio:
descobrir seu Nome Interno ?

Pequena balada da dama (canção)

Viemos trazer a harmonia a um mundo onde há Caos...
Trazemos beleza e energia da fonte ancestral...
Trazemos tantas sementes para a vida que vem...
Fluímos, como as correntes, rumo ao Mar e ao Bem.

Traçamos canais em que o Belo se mostre, além dos véus,
Caminhos em que o coração se eleve até os céus...
Tornamos a Terra fértil com o Mistério da Ação
Buscando a sintonia com a Vida que vibra em nós,
e ecoa qual canção...

O mundo aprende a ver o Belo por nossa inspiração,
Compreende e consagra sua vida em águas do coração...
Qual símbolos da Alma que te cabe encontrar,
Serenas como os lagos, poderosas como o Mar...

Qual símbolos da Alma que te cabe encontrar....

Padrão Infinito

O artista, em guarda, parece o sopro do vento,
Dharma em movimento, que não poderá ser restrito.
Leveza que assim se desloca, sem força ou atrito.
É luta tornada em beleza em seu coroamento.

É vento, e o destino do vento é não estar prisioneiro...
É vácuo e matéria que ocupa todos os espaços.
É fluxo infinito, impalpável, eficaz, ligeiro,
o artista que serve à Lei e descansa em seus braços.

O artista parece sozinho, exercendo sua arte.
Dual e unitário, mistério em ação é o artista.
Segredo, ele aguça os ouvidos e apura a vista,
que, enfim, se apercebe que o Artista está em toda parte.

Palavra

O que há para calar?
O que há para ser dito?
O que há, enfim,
de fugaz e ilusório
ou de autêntico e infinito?

O que espera de nós
Quem nos deu voz?

Palavra é ritmo, é canção...
Expressa o que se processa
do que é vivido.

Palavra se reduz a vibração;
marca e evoca a simpatia
entre a voz e o coração.

Palavra veraz traz à vida
a essência adormecida
em cada imagem invocada...

Ao constituir som ou ruído,
a palavra porta a vida,
a palavra porta a morte
ou a palavra porta o nada...

O que espera de nós
Quem nos deu voz?

Onde encontrar a palavra essencial?
Onde o canal
que traz ao mundo a mensagem prometida?

Esse tardar é razão da maior fome,
tardar de um Nome
que traga em si a identidade e a missão
a ser cumprida...

Essa é a fome que nos leva a questionar
ardentemente,
mas sempre um questionar mudo em palavras,
vazio, somente,
lacuna escura da Palavra a ser ouvida...

E, a cada passo, indaga a voz do Universo,
em ânsia, em cânticos, em preces e em versos:

"O que espera de nós quem nos deu Vida?"

Papai Noel

Neve, não temos,
nem mesmo renas,
mas dias claros,
noites amenas...
Pai rubro, ardente,
que o céu galopas:
tens novas roupas
em terras quentes...
Mas o teu riso,
terno presente,
cruza hemisférios,
rompe fronteiras,
Pois teu mistério,
que tanto esperas
que alguém descubra,
é que as neves
são o egoísmo,
e a cor rubra,
o coração.

E tua terra, em toda estação,
é a alma humana,
e teu presente é a Presença
que se pressente, potente, imensa,
real.

E o solstício se resolve em aurora, e renascemos...
E só agora, enfim, é que sabemos:
Já é Natal.

Para Maria Callas

À minha sacerdotisa Norma,
com gratidão e carinho.

Mulher tão bela, cuja vida é um drama,
como não ouves tua voz divina?
Através dela, tua alma clama,
Através dela, a Voz de Deus te ensina.

Por que não ouves teu timbre perfeito
Com a vibração que o coração derrama?
Com tanto amor que de tua voz emana,
De que outro amor carece mais teu peito?

Dual mulher, potencial de Dama,
Voz de uma Deusa, alma de menina,
Queiram os Deuses que, atrás da cortina
Que te oculta à visão humana,

Sintas o amor que te foi dado, em tua voz,
E a missão que, por aqui, deixaste aberta.
Teu coração, que ainda descansa entre nós,
Há de vibrar com o toque desta descoberta.

Desperta de toda ilusão que te envolva,
Canta aos Deuses, para que tenham piedade
E, bem depressa, a este mundo, te devolvam
Para entoar cantos de amor à humanidade.

Para os que me presentearam flores

Impossível não amar as flores...
explosivamente belas,
abrem-se, enfim, sem reservas,
em doação absoluta.
Quem de nós não deve a elas,
um sorriso, um momento de vida?
Complexas, e, a um tempo, singelas,
entregam-se inteiras a um mundo
que ainda não sabe entendê-las,
que as nega, atropela e duvida.

Moradas temporárias da Beleza,
sois símbolos de sentimentos
que nenhuma palavra, gesto ou mesmo lágrima
ousaria dizer.
Vós sois parentes do Dia,
do Grande Dia da Alma,
que convida as almas obscuras
a amanhecer.

Misteriosos cantos mudos,
mensagem expressiva de um mundo
onde vale a pena ser belo,
ainda que por um só dia,
para presentear harmonia
a algo ou alguém que padece.
Ousaste acaso ouvir flores ?
Vozes doces que se vertem,
com humildade e serviço,
a uma mensagem divina,

despojadas de reservas,
de egoísmo ou vaidade.
Atentai, homens da Terra,
ao que vos sugerem as flores,
que, entre pétalas e aromas,
beleza e suavidade,
sussurram uma nobre verdade:
são vozes veementes de Deus.

Parabéns!

Àquele que celebra a vida, neste dia,
vendo que a Vida é, em si, celebração,
que ouça a antiga e primitiva melodia
que o tempo entoa, em cada ciclo e estação,
que rege o ar, o portador da energia,
e rege o Amor, que doa ao mundo a expansão,
composição de oculto e tão ousado artista...
Para o que busca avivar a cansada vista
e relembrar, no antigo mapa, a direção,
de tudo o que já foi vivido, seu extrato,
das entrelinhas dessa estrada, a compreensão,
que busca a lógica entre o primeiro ato
e o que será o derradeiro e o final,
e o tempo-guia, que conduz o passageiro
em direção ao Verdadeiro e ao Real...
Que busca o Dia através de todos dias,
e encontra o Bem por trás de todos os seus bens,
e ouve os sons à sua volta em harmonia,
com a paz de quem prevê cumprida sua missão,
e compreende a Vida que há, além da vida,
e a ilusão, que a todos nos mantém reféns,
e deixa segura pegada a ser seguida,
marcando em pura luz a trilha em construção,
a estes, hoje, a Vida brinda: Parabéns!

Páscoa*

* Da palavra hebraica "pessach" ("passagem"): do cativeiro no Egito à liberdade, para os judeus, e da morte à ressurreição de Cristo, para os cristãos. E, em seu simbolismo...

"Pessach" é passagem...
Desde onde e para onde?
Desde a morte até a Vida,
da matéria até os Mistérios...

Desde o engano à realidade...
Ao que agrega, e não só agrada.
Não mais vã comodidade:
só a vertigem da escalada!

Ambos mundos conhecer
para ousar a travessia
desde a sombra até o Ser,
de Alma alada e o Amor por guia...

"Renascer" é condição
de retorno a algum lugar,
necessária ascensão,
após a missão cumprida.

E não de qualquer missão,
mas somente a que irá
germinar Ressurreição:
transformar a vida em Vida.

Só em um dia ela acontece
ou é potência permanente
de cada nova semente,
ao romper com o que a encerra?

Ao lançar ramos à Luz,
aspirando a verticais...
E gerar Flor, Sol na terra
que, com a chuva e o vento, dança...

"Pessach" é ousadia da Vida,
"Pessach" é amor sem medidas,
"Pessach" é pátria perdida,
"Pessach" é divina Esperança!

Pela fresta da janela da minha alma, eu vejo...

Uma criança, ansiosa por mistérios e por vida...
Uma criança sempre à espera de uma grande aventura,
e de um mundo feito em doces e brinquedos.
Uma criança que coleciona sementes e segredos, muitos sonhos e
esperanças...
Uma criança brincando com pedras de jardim, correndo pela praia,
catando raios de sol e prendendo-os em caixinhas, de onde nunca
conseguirão fugir.
Uma imagem tão distante e esquecida em uma foto antiga, amarelada,
com um laço enorme no cabelo,
achando belo viver, abrindo os braços
para alcançar o mundo e envolvê-lo...
Por trás da vida, às vezes desbotada,
a imagem mais real.
Ávida pelo segredo das coisas mais pequenas,
Feliz ao brincar com os botões da caixinha de costura,
Simples e pura,
Uma criança.
Quantas caixinhas a vida me der
Para embalar a minha alma,
Ao abrir uma fresta, eu a verei...
Sempre correndo pelos parques e jardins
de um tempo sem idade...

Eternidade.

Pequena Canção à Grande Mãe

Tão pura e simples alegria que vem do amor...
Tão forte e poderosa alegria que vem do amor...
Se o tenho comigo,
vejo o mundo por aquele ângulo,
aquela lente da Natureza
onde tudo é beleza,
ou potencial de beleza
à espera de uma ação amorosa
que o reconduza ao seu caminho.
Aí encontro Tua obra, Grande Mãe;
aí encontro meu lugar como mulher.
Exato lugar do Universo,
minuciosa tarefa
de quem combina ingredientes
na poção mágica e divina
que resultará em vida e energia.

Abro meu coração, Grande Mãe,
para aprender com as coisas simples e pequenas
a fazer do meu romantismo
a transmutar minha sensualidade
em uma grande História de Amor pela Humanidade.

Quero que meu dom de gerar e
entregar-me à minha criação
não se realize como a doação egoísta a um único ser,
mas seja a busca abnegada e persistente do Ser.

A habilidade e a paciência para educar e ver crescer,
A doçura e a firmeza para conduzir,
a harmonia e a beleza que hão de vir
enquanto eu caminhar,

tudo isso coloco ao teu Serviço, Grande Mãe,
em teu trabalho de resgate da nossa Humanidade.
Que eu saiba que a minha relação com o mundo
não é de posse, mas de amor.
Que eu saiba que jamais compreenderei aquilo que não amo.
Que nada saberei de mim, da mulher que sou, da Dama que serei,
senão ao contemplar o Teu Rosto composto de Amor, Grande Mãe,
que às vezes sinto quase poder ver,
cujo perfil posso delinear,
puro e cálido,
forte e vital
como um Raio de Sol
refletido
no rosto prateado da Lua.

Pequena caixa de
joias de Vênus

Quantos disseram que a beleza é frágil,
relacionando a forma rude à fortaleza,
sem alcançar ver o real, por trás dos véus?
Hoje, sabemos que a beleza é força,
mágico prisma, poderoso e ágil,
mediante o qual nos colocamos frente a Deus.

Outros disseram que dar vida não é importante,
e que, na vida, só importa o horizonte
que se alcança, conquistando o seu destino.
Mas nós sabemos que estar vivo é estar presente,
e só se avança com essa solidez constante
de quem transita do Divino ao Divino.

Alguns disseram e outros o creram, que este mundo
é mera barca, e que, findada a travessia,
já mais ninguém recordará do Azul Profundo.
Mas nós sentimos, pois amamos a Verdade,
que coube a nós tecer a Trilha, a cada dia,
com a fibra azul de nossa Generosidade.

Graças, Senhor, por nossa força e paciência,
graças, Senhor, por nossa fibra persistente,
por nosso Amor, malha tecida em puro aço.
Nós lutaremos contra toda resistência,
nós teceremos o Universo, novamente,
pois nossa Força é a extensão de vossos braços.

Perdão

Perdoo a nós o não avançar além, jamais,
desse limite que nos ata a este momento...
Perdoo a mim o emudecer dos sentimentos
o não sentir para julgar cada vez mais

Perdoo a incapacidade de expressar
as coisas mais essenciais que nos pertencem,
que vivem em nós, mas escasseiam em ar e voz,
e a pouca paz, e os turbilhões que tanto vencem.

Perdoo o conformismo que nos traz
o sonhar tanto e o poder tão pouco.
Perdoo a fala que anuncia mais que faz
e o apelo interno, abafado e rouco,
que não alcança libertar a nossa alma.

Perdoo sobretudo a pouca calma
que não espera, e que fere e fustiga...
Perdoo a essa "estimada" inimiga,
em nosso encalço pela vida afora.

Perdoo a vida, por breve,
Perdoo a Luz, na Aurora,
por se mostrar justo à hora
em que a vontade é pouca e o impulso é leve...
Perdoo o ontem e perdoo o agora...

Porque perdoo, eu levanto voo,
Estendo as asas, inibidas antes,
e agora, no perdão já redimidas,
rastreiam estrelas esquecidas e distantes.

Perdoo mesmo a falta e o excesso de esperança,
qual ferro em brasa, que me queima as asas
e me atrasa o sacro oficio de crescer.

Que a redenção, quitado o preço do perdão,
liberte seus fantasmas do porão escuro,

e que esse fardo do que foi não pese em vão,

e que renasça o ardor e a sede de futuro...

Poema Matuto

Já se viu falar, seu moço,
de quem diz como puxa o arado,
de quem ensina a tocar o gado...
Mas quem diz pra onde tocar a vida?
Tem carência ou tô errado?

Sabe lá dizer, seu moço,
se a foice afiada da lida,
só faz por maldade a ferida,
rasga a carne e mostra o osso?
Ou é coisa já entendida?

Faz favor dizer, seu moço,
se as noite que vou matutando,
ruminando, mascando meu mato,
é noite ganha ou perdida?
Se conta, nas conta da vida?

Mas pense e me diga, seu moço,
se o lombo, marcado de canga,
sem sonho, só soldo e comida,
faz marca nas senda da vida
ou é só baruio e alvoroço?

Diz proaí que o amor é grande, seu moço...
Sei quais nada de sentimento...
Em menos que o cabra, danado,
tome tino, tome tento,
tome as rédea ao pensamento
e num pense qual menino
que quer o balão de vento,
e quando ele vai simbora,
chora e arenga com o destino.

Se diz tanta coisa, seu moço,
nesse mundão de Deus meu...
E eu, caçando meu rumo,
tomando do meu chapéu,
vou cruzando sol, de dia,
mas, noitinha, busco o céu,
cheio d'estrela que alumia,
pra ver se alumia as ideia
desse matuto tinhoso,
que estica seus dedo de prosa,
buscando os dedo de Deus...

Poesia Taoísta

Trago um poema rumo à luz do dia
com a inspiração deste eterno Ancião
que, junto ao TAO, percebia a Criação
brotar na Terra qual grande Poesia.

Ergo minha mão invisível ao mundo
onde reside a matriz da matéria
e, com cuidado, mas com decisão,
posso apreender a ideia etérea.

Solto no mundo o que a mão encerra.
Toda atenção há de ter com a Beleza
por não ferir sua sutil natureza
com essas mãos, ainda sujas de terra

Vai meu poema, ao teu destino,
habita a forma com que te envolvi
qual rude barca que, rumo ao porto,
oculta um carregamento divino.

Com rumo certo, maneja os ventos,
ancestral arte das embarcações.
Roçam tua nave, por toda a parte,
inquietações, anseios, tormentos.

Não te atarei junto a mim, meu poema.
Se te desejo, deformo ao que visas,
e já não és o que fostes, pura Luz,
mas projeção de minha sombra imprecisa.

Quero que fluas por mim, poesia,
manancial, na Terra a derramar-te.
Sedenta e seca, ela espera por ti,
e eis a essência Taoísta da Arte.

Não és jamais a expressão de um desejo,
mas és resposta a uma necessidade.
Não és nem fostes a Arte pela Arte,
pois que és a Arte pela Humanidade.

À Musa Polímnia,
a dos Hinos Sagrados:

Dá-me tua Voz, oh Musa, e o teu Canto,
pois da pior mudez é que padeço,
mudez do que diz pouco e fala tanto,
pois sei que a voz preciosa possui preço
e que nem sempre posso resgatá-lo.
Ouço o teu canto e expresso o que mereço,
e o Sagrado Verbo, não o falo.
Pressinto o som sublime, e o lábio é mudo,
embora sinta tua Voz em tudo,
e com ela sonhe em longa madrugada.
Tua Voz na mente está; nos lábios, nada...
só o vazio do cantar sem poesia,
sem alquimia ou vida renovada...
E, se não há Beleza, não há Dia...
Tem piedade, Dama, a noite é erma,
E, muda e sem luz, a alma é enferma.
Que ela se cure com teus Dons, e se levante,
e se depurem os sons, e os sonhos cantem.

Por Beslan

*Homenagem às 186 crianças russas
mortas em atentado terrorista
em uma escola - 2004.*

Derramemos nossas lágrimas por Beslan,
por suas, por nossas crianças,
pequenos botões destroçados.
Por suas pequenas mãos, cruzadas
sobre um peito onde habitavam tantas esperanças.
Choremos pelas mães e pais de Beslan,
por seus braços vazios, pelas carícias sem destino,
por seus corações sangrantes, feridos.
Por seus rostos lívidos que espelham, em desatino,
toda a perplexidade do mundo.
Choremos pela nossa Humanidade,
pela perda da nossa humanidade,
virtude tão rara, que se escoa em meio aos dedos
duros e frios desse tempo tão cruel.
Mas ousemos, sobretudo,
o ato de suma coragem.
De matar em nós o matador,
de atacar de frente a semente de toda crueldade,
de todo terror,
frente ao qual sucumbirão, em lúgubre holocausto,
as crianças que aqui estão e as que hão de vir.
Matar a semente que se alimenta da dor e que cresce,
rastejante e silenciosa, rumo a novas vítimas.
Tenhamos a suma coragem de vencer nosso ódio e revolta
e chorar pelos carrascos de Beslan.
De perceber que algo muito pior que a morte pode atingir o homem.
Imaginar a asfixia torpe, sombria da extrema ignorância e brutalidade.
Ousar sentir o desespero e ânsia de quem carrega nas costas tanta dor.

Sentir o precipício, a escuridão
em que tombaram essas almas,
que também são nossas irmãs,
que também são nossas crianças.
Se toco o teu rosto, todo o teu corpo responde e sente.
Nós somos, Humanidade, esse Corpo, ainda que inconsciente.
Algo de nós vai ao poço com aquele que cai,
assim como algo de nós sobe aos céus com aquele que ascende.
Ousai sentir o drama de quem habita a escuridão extrema,
aquele sobre quem pesa o fardo de tanta dor,
que desceram tão fundo
que só com muito esforço e vontade podem ser alcançados pela
misericórdia
e pelo perdão.
Algo de nós precipitou-se neste abismo e há de ser, em algum
momento, resgatado.
Agora, há muito a fazer.
Fazer de Beslan um libelo,
vencer o terror em nós.
Gravar, no mais profundo, em nossas almas,
a marca inexprimível dessa dor.
Choremos, choremos muito.
Comprimindo nossos peitos, magoados
pela terrível dor da Humanidade.
Essa dor é nossa dádiva;
nossas lágrimas vertidas serão o dilúvio
que há de banhar as almas dos homens despertos.
E, sobre essas lágrimas, há de flutuar a Arca da Aliança,
que provará que ainda vivem os homens puros,
sinalizando, para todas as crianças,
a esperança de que ainda haverá futuro.

Por me dares à luz, outra vez...

Para minha mãe.
Para Abentofail, e seu "Filósofo Autodidata".

O seu corpo, as suas coisas,
o perfume, a penteadeira,
o copo na cabeceira
da cama vazia,
tudo está...
Ela, não mais.

As expressões triviais,
o gosto por fruta do conde,
as chaves, não saber aonde,
o lenço, não achar jamais,
tudo ecoa na memória, tudo está...
Ela, não mais.

Onde estarás, então?
Em díspares tradições,
direções tão desiguais:
nos céus, paraísos, ao lado
de seres celestiais?
Em um éden loteado
de casas e hospitais?
Desperta, contando histórias,
dormindo, em eterna paz?
Onde, enfim, estarás?

E se não estás?
E se simplesmente és?
Por que o "estar" é obrigatório?
Porque "estar" é necessário acessório
de nossa ignorância,

viciada em endereço e substância,
que nada sabe do Ser,
porque não é.

Quando eu perder meu copo, corpo e penteadeira,
quem eu serei?
E, se já o sou agora, neste instante,
o que, de fato, perderei?
Se já o encontro agora, onde a ânsia
por não perder meu copo, corpo e substância?

O velho mestre achou insólita resposta
que escapa à lógica comum e atrai e alerta,
ao descobrir a semelhança entre sua essência
e o Fogo que arde em sua ilha erma e deserta.

Onde está o Fogo? Onde ele não está?
na fricção de minhas mãos, já se anuncia,
e então, de súbito, ele desaparece...
Mas sempre o rastro fugaz de sua "presença"
surge e me aquece...

Onde suas células, partículas, coração?
É sua a base que lhe dá a combustão?

Móvel, tão vivo, luminoso, cálido...
Algo em ti era assim também...
Também em mim, alguma vez, parece Dia
mesmo quando a noite vem...

Algo É, em mim, e a fricção do que é ilusório,
por certas vezes, me desperta e incendeia.
É como um sangue flamejante, em um território
Onde não há corpos, nem há copos, nem há veias...

Talvez "exista" uma Ilimitada Chama
que elaborou esse Universo infinito

para fazer nascer pequenas chamas
em seus atritos...

(Misteriosa Ciência
que, do atrito, faz nascer a Consciência...)

Talvez a chama diminuta O reflita,
como um espelho, em diminuta dimensão.
E essa chama, com o véu que a limita,
ao atiçar seu fogo e sua combustão,
destrua as bases, incinere a divisão,
e se transforme em Fogo Uno e Sutil,
Que nunca existe ou existiu... mas sempre É.

Onde estás, eu não me perguntarei mais...
Sei que te encontro...
Quando, do atrito desta vida, extraio luz,
num mesmo ponto...

Tu me trouxeste à luz...tu és, da Luz,
uma expressão limitada e peregrina,
pela ilusão confinada,
mas Livre e Eterna, quando a ilusão termina.

No dia em que a luz que recebi,
tua e de tantos,
lançar fagulhas que o forte vento
leve adiante e chegue até ti,
Recebe o beijo ígneo que envio
vindo desta pequena luz, que é tua filha,
que, contra todo vento e tempestade,
teima e atiça o fogo da Vontade,
e ainda brilha.

Portais

Senhores da Sobriedade,
da mais antiga Ciência:
de despertar, depurar
e elevar a consciência,
dai-me o dom da compreensão,
de ver que, se há luz em expansão,
há sombras, em sua companhia:
há mais sombra se a alma se ergue,
há mais noites se nascem mais dias.

Se hoje entendo melhor
das redes que há, tão precisas,
tecidas, sutis bastidores
da vida,
e a mente, a ordem pressente
e a vista, o mistério divisa,
suaviza-se o superficial,
e algo de imortal se expande,
tudo expande em proporção igual.

Senhores da intocável placidez,
que transformais em diamante a mente,
dai-nos o olhar que atravessa a noite
para avançar serena e silenciosamente.
Pois que, ao centro da espiral, do furacão,
das longas cristas do ancestral Dragão,
há um lago calmo como o dos contos,
sem tempestades ou dramas,
vindos da instável condição humana.
Lá, bem no Centro de nós, do mundo, um Ponto...
Lá, Meus Senhores, vos pressinto e vos encontro.

Prece

Senhor meu Deus, me perdoa
pelo escasso empenho em te amar...
Eu, que tanto tenho visto
mil vias por te vislumbrar,
perdoa-me pela miopia
do foco em fatos triviais,
banalizando meu dia,
vazio, entre dias iguais.
Buscando encarnar-te em formas
à minha imagem e semelhança,
tuas Leis, às minhas normas,
teus Mistérios, às minhas ânsias,
o teu Bem, ao agradável,
tua Essência, à substância
com a qual construo castelos,
numa extemporânea infância.
Perdoa-me, Pai, o cansaço
nascido da pouca confiança,
do fardo de inúteis lembranças,
do amor raso e escasso,
da Vontade, que não alcança
desbravar novos espaços
pois resiste e não desperta....
Que eu mantenha a alma alerta
a buscar-te no que existe
e espelhar-te no que crio,
pois nisso consiste a Arte:
dentro e fora, sempre achar-te,
sonho, saga e desafio.

Prece pela Poesia

Senhor, concedei-me a Poesia...
Sem ela, as cores se afastam,
e a vida que resta é tão fria...
E o coração já duvida,
e o tempo é convertido em nada,
e a alma se cala, sombria,
e o fio se perde, na espada.

Senhor, concedei-me a calma
por trás do vibrar da matéria.
Ensinai, Senhor, como a Alma
destoa ao pulsar da artéria,
mas toma, no ar, vosso pulso,
vê vossas pegadas, no espaço,
estáveis, ainda que etéreas.

Senhor, concedei-me a confiança
que alenta os que marcham sem medo.
Que os sonhos nos soprem segredos
e as dores despertem lembranças.
Que as ânsias por perdas ou ganhos,
estranhos a quem nada espera,
não expulsem as reais Esperanças.

Senhor, concedei-me a graça
de nada pedir, só a entrega
do Sonho, que à terra se nega,
do Amor, que a terra ultrapassa,
da Alma, que, da vossa, é parte.
Da voz, que espera ser ponte,
à Voz, que se expressa na Arte.

Primavera

Na distante vez primeira,
depois de tão árdua espera,
que trouxeste a mim a vida,
ruidosa Primavera,
calorosa, colorida,
florida de tantas quimeras,
recebi-te, comovida,
explosão de cor e vida,
enchestes de sons meus ouvidos
e ouvi de tua voz quem tu eras.

Com tuas cores já vestida,
abriu-se, ante mim, outra era.
Com tua força, fiz-me inteira,
de fibra e de fé verdadeiras
eu fui, por tua Luz, investida.

Lancei minha vida em teus braços;
embalaste os meus sonhos,
sopraste, em meu coração,
a energia dos inícios,
propulsão que vence espaços,
razão que faz plena a alma,
não de ânsia aos doces frutos,
mas de amor e sacrifício.

Mas sabes da cíclica noite,
mas sabes que chega o inverno.
Já sabes que oscilam os passos
que trilham o caminho eterno.
Nem sempre a força é tamanha,
nem sempre é ativa a memória.
Às vezes, a noite é estranha,
sem cores, sem luzes, sem glória.

Mas eis que a tua energia
redime e resgata, qual ponte.
É dia, e eis que teu Raio Verde
ressurge, cruzando o horizonte.

Dou graças ao Ser que te envia
por tenacidade tamanha,
pois, com tua simples presença,
renova de cor e harmonia
e invade de Luz a cidade
que erguemos, no alto da montanha.

Primavera Eterna (canção)

Era uma vez um tempo especial
em que tudo sob o sol era primavera,
pois cada ser
que aqui viveu
era claro, belo e multicor
pois trazia a alma em flor...

Um dia, o céu passou às nossas mãos
a missão de cultivar preciosas sementes
dentro de nós,
para, um dia, após,
com trabalho e amor,
conquistar, enfim,
primavera eterna em mim...

Mas eis que a terra secou por não haver cultivo,
e agora, a nós caberá
despertar a Terra.

Como um Sol
que bane a escuridão,
é nossa missão fazer
renascer a luz,
e é só assim
que, um dia, enfim,
já proclamaremos, numa só voz,
primavera eterna em nós...

Primordial Presença

Ao meu Mestre Luís Carlos

Talvez o tempo passasse
sem grandes inquietações;
talvez a vida se fosse
sem que eu nunca despertasse.

Talvez os sonhos morressem
como meras ilusões.
Talvez eu ouvisse canções
sem que jamais as cantasse.

Pois, entre a vaga teoria
e o peso brutal da matéria,
teria de erguer uma ponte;
com que forças o faria?

Quando te vi, junto à terra,
fazer do trabalho uma prece,
trazendo ideias de um mundo
que essa Terra desconhece...

Quando te vi trazer brilho
ao que opaco e inerte estava,
vi que em ti havia Vida,
e Vida era o que eu buscava.

Vi velhos e novos mundos
e infindáveis horizontes.
Ergui pontes sobre abismos
insondáveis e profundos.

Repeti teus movimentos,
harmônicos, ritmados.
Caminhando ao teu lado,
opus-me à fúria dos ventos.

Hoje, meus sonhos têm corpo,
seus rostos sorriem à minha volta.
Hoje, são tantas as metas
e o querer e o ousar é tanto,
que as canções que ouves em sonhos,
já que são nossos teus sonhos,
criam voz em nossas vidas
e enchem o ar com nossos cantos.

Prudência

Domina a fúria que impulsiona
a insensatez no tom de tua voz.
Refreia o ímpeto e a inconsciência
da expressão dura, do olhar atroz.

Tempera a voz em tua voz interna,
banhada em águas do coração.
Deixa que surja, purificada,
melodiosa como canção.

Lembra do Mestre, em tempo remoto,
coração reto qual labareda,
que, com leveza, tocava o solo,
andando sobre um papel de seda.

Não deixa marca que fragmente,
ou que divida, qual alameda.
Cultiva o prado de teu caminho
pisando leve o papel de seda.

Não busque o solo que te sustente,
a base falsa que arremeda
uma verdade que não existe,
que dilacera o papel de seda.

Preso ao celeste, vê que flutuas,
livre do peso, pelo espaço.
Passos de seda, mostram que a tua
é uma vontade forjada em aço.

Quixotes

As buscas espirituais da humanidade
narram a passagem de sábios perfeitos;
eu acredito que falam a verdade.
Alegra-me saber que alguém cumpriu sua missão,
Que a trilha possui termo e que alguém o atingiu,
Fazendo-se, então, à imagem do Pai.
Que sejam louvados os sábios, que chegaram tão distante...
Mas vos peço, gentilmente,
Compreensão com os que ainda buscam o acesso,
Que buscam, mas longe ainda vão.

Que o amor alargue vossos braços
E crie espaço em vosso coração
Para caber os que apenas lutam,
Num passo a passo incessante, insistente,
de escasso rastro deixado para trás.
Dos que mergulham em si sem escafandros,
Com seu esforço, usando todo o ar
para emergir, ainda que com escasso fruto
trazendo algo a oferecer, compartilhar.

Aos que retorcem, em dias magros, qualquer luz,
Para lançar uma centelha no caminho.
E saboreiam as centelhas das estrelas
Na confiança de que não estão sozinhos.

Destes que choram, ocultos atrás das portas,
Para que a dor não manche vossas esperanças.
Que choram e se encolhem, qual crianças,
Com os seus braços envolvendo seus joelhos.
E que, às vezes, creem-se fracos, creem-se velhos,
Mas que não cessam jamais de caminhar.

E, se o Sol reaparece, nas manhãs,
Correm a estar com ele, efusivamente...
Limpam suas armas, luzem seu escudo
E partem para a sua luta novamente.
Pois longa é a estrada, e sua luta é tudo
Que sabem e animam-se a fazer em sua vida.

Simples quixotes, com o tempo atrás de si,
Olhando apenas para frente, jamais vencidos,
Vendo um horizonte que só eles podem ver.

Ah, tende piedade destes sonhadores
Que tragam suas angústias e suas dores
e se detêm, às vezes, nas calçadas,
Sondando os rostos da humanidade
Buscando sonhos latentes em seus traços.

Cantando antigos contos, como bardos,
Numa ânsia por saber, achar respostas...
Mas que ainda têm tão pouco, quase nada...

E que ainda lançam aos céus suas mãos postas
Ante um Mistério que não lhes revela o Nome,
E pedem por mais um dia,
E pedem sagas para saciar sua fome,
E pedem alegria,

E que haja sol nas suas janelas, nas manhãs,
Para abastecer suas lamparinas;
E que, nas jornadas frias,
Entre tormentas, entre neblinas,
Vestem só suas esperanças.

Se tendes algo de amor e compaixão,
Pedi pelos que lutam,
Pois, se não houver sol amanhã,
Abrirão marcha com a migalha escassa

Que lançares ao seu coração.
Ela é bem-vinda.

Aos quixotes do mundo, voltai vossos votos e vossas orações,
Pois, se a Sabedoria é perfeita,
A marcha dos que buscam é forte e linda,
Persistente, honesta, singela.
Lançai, pois, vossos doces votos,
Rumo a estes tais quixotes
que rondam vossa janela.

Reconciliação

Lembrei-me, esta manhã, da minha infância
E dos bolos que minha mãe fazia,
Tão perfeitos, tão estéticos,
Mas feitos para serem consumidos,
E assim, ante os meus olhos, iam sumindo,
Deixando sempre, em meu coração,
Um gosto de tristeza e nostalgia.
"Não liga para isso", a mãe dizia,
"Mamãe faz mais", falava com brandura.
Mas a verdade é que essa simples lógica
De construir, consumir e substituir,
Que é a tônica da natureza,
Sempre me pareceu cruel e dura.
E a somatória de toda essa tristeza,
Ao longo de uma vida inteira,
converteu-se em revolta e amargura
Contra um Criador que permitia
Que as formas se consumissem tão vorazmente,
Sem compaixão por suas criaturas.
Não entendia que haveria o leite eternamente,
E que o bolo foi feito, não em vão,
Mas para alimentar o ciclo da vida que se renova,
Rumo à Vida real que se pressente.
Construí um mundo sob a ótica do bolo;
Valores, virtudes e moral de bolo,
Constantemente amargurada pelas mordiscadas que a vida ia me dando,
Não por maldade ou por bondade,
Mas por imperiosa lei que a faz prover
Os ciclos que virão, e suas necessidades.
Tão difícil remover daí minha consciência
Para levá-la em direção ao branco Leite,
Que participa do bolo, mas que não é ele,
E que comporá outras receitas, quando ele se for.

Tão difícil entender as razões do Criador,
De usar vida para gerar Vida,
Aplacando meus protestos, compreendendo suas razões...

Nessa manhã sem bolo, com minha xícara de chá,
Uma manhã apenas, em meio a milhares que se foram e que virão,
Em que a natureza se esmera, como sempre, em servir a mesa,
Sem revolta ou amargura pela eterna renovação,
Fico imaginando se cada uma dessas manhãs carrega uma migalha
Para que um dia amanheça de fato,
E se cada uma delas se eterniza nesse ato,
No sacro ofício de carregar migalhas de luz,
Assim como todos os bolos do passado
Compõem o corpo que uso hoje,
E negar-me a consumi-los teria sido
Negar-se a prosseguir, segundo a Lei.

Vejo os olhos de alguém, em uma foto,
De alguém que foi como um Lótus.
Acima das águas, serena.
Jamais se deixou afetar
Pelos que se debatiam nas águas,
Agressivos, ansiosos por ar.
Mas entregou, para servir de alimento,
A forma com que o Criador a moldou,
Caprichoso cozinheiro,
Cioso em nutrir seus filhos.
Mas a serenidade em seus olhos é de quem sabe
Do ingrediente imortal que a compõe.
Seu mundo é um mundo de Leite,
E, nesse mar do Eterno Ingrediente,
sua Alma flutua, tranquila,
e transborda serenidade,
essa que tanto tenho buscado,
essa que busco tão ardentemente.
Que eu possa provar, Dama tão nobre,
De uma gota sequer de tua Verdade

Que me permita reconciliar-me com o Criador
E colocar-me a seu serviço, em paz, enfim,
Consciente do Divino Ingrediente
Presente em mim.

Reencontro

A todos os meus amigos,
distribuídos em tantos
nomes e nacionalidades...

Eis-nos aqui novamente...
Frente ao palco rotativo
do velho teatro do mundo,
ressurgem antigos atores,
renovados, fortes, vivos.

Atendendo ao chamado da Vida,
estamos no palco de novo.
Vemos, em nossos abraços,
novos corpos que enlaçam
almas velhas conhecidas.
Olhares tão familiares
estampam-se novamente
em faces rejuvenescidas...
Eis-nos de novo em cena!

Voltando a narrar grandes feitos,
voltando a entoar nossos cantos,
sentimos vibrar, em cada peito,
o clarim de nosso Clã...

Nosso laço ancestral,
laço de "sangue espiritual"
que já correu tantas veias,
que já ferveu ante a Glória,
renovado sobre a Terra,
acorre ao chamado da História
e aguarda, ante o Portal,
de prontidão e presente.

Antes que soe a hora
de voltar aos bastidores,
com as nossas almas limpas
e nossas missões cumpridas,
e não reste, na memória
desses marcantes momentos
mais que um vago sentimento,
Queria dizer-vos agora
que honra é estar entre vós !

Compartilhar, lado a lado,
a cada novo início,
nossos cantos e sorrisos,
nosso esforço e sacrifício...
Flutuar sobre os abismos
atraídos para cima
por misterioso magnetismo...
Uma grandiosa saga
que não se vive a sós.
Quão nobre é compor vossa estirpe,
Aprendizes de heróis!

Renovação

Em algum ponto, perdemos a alegria.
Hoje, é premente promovermos o reencontro...
e repassar de novo, ponto a ponto,
a rota que trilhamos algum dia.
Penso não ser difícil reencontrá-la,
pois ouço os ecos dos risos do passado,
rastros de nossos passos, lado a lado,
e as sombras vagas de tudo o que sonhamos.
Busca comigo, ao meu lado, vamos!
lembra que fomos simples, só aprendizes,
e, com tão pouco, fazíamos histórias,
e, com tão pouco, éramos felizes.
Fazíamos troça com as dificuldades,
lidávamos com a vida qual crianças,
pois eram tantas e tamanhas as esperanças
que nos faziam pairar além da idade.
"Se há dragões, nós venceremos todos;
todos os inimigos derrotados!
Se há irmãos, nós os encontraremos...
logo estarão todos sorrindo ao nosso lado."
Hoje, eu te vejo e tu me vês: onde o sorriso?
onde a felicidade transbordante?
Qual o dragão, sutil e traiçoeiro,
roubou de nós o que já fomos antes?
Eu ouço, hoje, outros risos, outras vidas,
um outro coro de alegria e de esperança
que só reativa, enfim, nossas lembranças
e nos obriga a procurar uma saída.
Quem nos garante que não virá o dia
em que os sorrisos voltarão a ter um fim?
cabe encontrar, então, em ti e em mim,
uma resposta como garantia.
Recuperar nossa felicidade

por sermos o que somos, nada mais.
Abandonar as dores, folhas mortas,
deixar que os mortos descansem em paz.
Buscar a vibração ante a Verdade,
e a aceitação do que vimos em nós.
Marchar com as nossas falhas, nossos nós,
voltar a rir ante as dificuldades.
Sei que é possível, pois te amo demais,
e o nosso amor é indigesto aos dragões,
pois não há dores, perdas ou pressões
que me impeçam de ir aonde tu vás.
Algo em mim estará sempre contigo,
pois foi atado tão profundamente
que me permite, hoje mais que antes,
ter o direito de chamar-te "amigo".
Eu sei, tu sabes de onde vem nossa união,
e esse Ser tornou-nos mesmo, mais que amigos,
pois que me fez reconhecer-te como irmão.
Por isso, vem, não hesita mais, marcha comigo,
porque é certo que existe um caminho.
Mas que é tão árduo sem tua presença,
sem tua alegria, trilhá-lo sozinho...
Se nos restou o Amor, há esperança,
temos um novo ponto de partida.
Reaquecê-lo com o fogo das lembranças
e confiar que, o resto, nos trará a Vida.

Resgate

No ouro de um céu de poente, desponta o guerreiro.
Seu passo, seu porte demonstram vontade e valor.
No alto da torre imponente, desperta a princesa,
desliza suave e embeleza o mundo ao redor.

Dragões e serpentes em fuga ante aquela espada,
pois nada que aqui se conhece a poderá deter.
No alto da torre, tremula o estandarte da Dama,
que ama e inspira aquele que avança com arte.

Mas soa ao relógio a hora fatal: fim do sonho!
O arremesso brusco em um mundo escuro e mudo
leva à desonra o herói, banido e desarmado,
sozinho e sem sentido,
enquanto edifícios são erguidos
frente ao pôr do sol dourado
que já não alcanço ver.
É o fim da infância, hora de crescer.

Agora, gente grande...
e nunca tão pequena.
Agora, com "poder",
e nunca tão impotente.
Agora, indigente,
num mundo sem nobreza.
Agora, sem princesas,
Agora, sem poente.

Um dia, vagando à toa por mais de mil luas,
num tempo vazio que parte do nada até o nada,
curvada e abatida, buscando algum sonho na rua,
levanto meus olhos e vejo que é dia ainda,
e o sol me revela em segredo que estive enganada.

Em sua longa caminhada,
vira vivos, em degredo,
o guerreiro valoroso
e a princesa encantada.

Inicia, então, a operação de resgate,
minha busca incessante,
nos abismos mais profundos,
nos quatro cantos do mundo,
nos recantos mais escuros,
além de grades e muros,
por planícies, mares, serras,
chegando aos limites, enfim:
subindo ao mais alto da Terra,
descendo bem dentro de mim.

Diante do espelho, encontrei, certo dia, o guerreiro.
Sua Alma-princesa acenava da torre distante,
marcando seu horizonte,
levando-o adiante.

Meu sonho, agora conquistado, tem peso, tem vida,
e já não irá, sem combate, ser morto ou roubado.
Cumprido o resgate, uni as duas pontas da vida,
e agora, da estrada construída, contemplo o outro lado.
Diante de meus olhos, com cantos e sorrisos,
dança, livre, livre, a minha criança,
nos campos floridos, frutos das sementes que ousei cultivar.

Rumo ao Herói (canção)

Melodia de Tyago Amorim.

De seu, nada mais que os raios do Sol
que se abrem, grandiosos, aos passos do herói.
E o ar que aspira, com certeza puro,
como tudo aquilo que habita em seu peito,
eis o herói.

Não mais em suas mãos que um punhado de terra e o compromisso
com um sonho perfeito,
com a trilha que abre rumo a um futuro pelo qual combate a mais
nobre das guerras.

Seu nome interno o torna seguro, pois, em qualquer tempo,
estará a serviço
daquele sagrado e nobre compromisso que o torna invencível,
sereno, eterno...

Despertai, senhores, para o chamado do herói
a cada esquina dessas nossas vidas.
Eis, a um tempo, nossa saga e sina,
o herói que se levanta e cobra seu espaço
e vive em nós.

O herói que se encaminha com a segurança
do guerreiro que serve à eterna Lei.
A Lei em cujo nome eu combato agora,
a Lei em cujo nome eu sei que sempre encontrarei
um lar por meu corpo,
um altar por meus Sonhos,
um Rei...

> *"Se tiveres dois pães,*
> *vende um e compra um lírio."*
> **(Provérbio chinês)**

Se tiveres dois pães, vende um e compra um lírio...
Com um lírio, se necessário,
dividirás o pão que te resta,
pois verás, o que, em ti, é indiviso.
Com um lírio, se assim for preciso,
todo pão que ainda tens, o darás,
Mas não em vão:
nutrirás o valor, com teu pão,
e renascerás.
Diante de um lírio,
comerás o pão, se te aprouver,
com a mesura do mundo humano,
degustado em sutil gratidão.
E serás singelo e soberano:
banirás a avidez que há em ti.
Mesmo em meio a um mundo de ficção,
atado à solidão e ao delírio,
de antemão, tu não mais o ouvirás,
e dirás, muitas vezes, teu não,
e andarás, com nobreza e com paz,
com ou sem pão:
és humano, e ainda possuis um lírio.

Segredo

Meu rosto, no espelho, parece esconder um segredo,
que é mais do que o medo ou cansaço da longa jornada.
bem mais do que o velho retrato, atado à vida,
é algo que traz escondida minha alma, calada.
Minha alma, que, ao longo da estrada, encantou-se no espelho,
e deixou que o velho tomasse o lugar do antigo.
calou-se e deixou-se esconder sob a rígida face,
qual cela em que se encerrasse o pior inimigo.
Perigo sempre há de negar e extraviar a lembrança,
mas eis que me alcança um olhar que penetra na cela,
olhar de quem vela e luta pela prisioneira,
capaz de torná-la herdeira de suas esperanças.
Eu tributo ao mestre o fôlego e a fé alcançadas,
pois vês o potencial de luz na total escuridão,
e vês, sob a erva banal, o oculto botão,
e sonhas e fazes sonhar com a flor desabrochada.
Tu vês um futuro possível em uma porta cerrada,
tu vês a aprendiz e a guerreira em minha alma-menina.
Em meio à densa neblina, tu vês uma estrada,
tua fé me ilumina, e, onde outros duvidam, tu vês.

Sem Reservas

De toda a energia, doar
até o último fôlego.
A cada dia, marchar
até os pés do crepúsculo.
De cada flor, entregar
até a última pétala.
Pois que não há sentido
em querer, como nossa,
uma gota sequer
do néctar que alimenta a grande Vida.

De toda a dor, entregar
até a última lágrima.
De todo alento, doar
como fosse uma dívida.
Com todo o amor, fabricar
deste mais puro bálsamo,
que torna mais leve a caminhada,
malgrado todas as feridas.

De toda luz, vou portar
a menor de tuas lâmpadas.
De tua mão, vou tomar
não mais que um só átomo
que sacie minha sede
e me torne uma fonte
que fecunde esse vale
e dê um novo fôlego
aos que ascendem rumo ao horizonte.

Nada mais ansiar reter, por ilusão,
mais nada.
Só caminhar e alcançar sentir-me, então,
parte desta estrada.

Alçar voo da mais alta montanha
e ousar ver, enfim,
a unidade daquilo que há em tudo
com aquilo que há em mim.

Esgotar de vez a lógica e o sentido
de um mundo cego,
que ousa dividir o infinito
entre aquilo que acredito
e aquilo que nego.

Levar à exaustão todo o recurso,
toda a razão,
que bloqueia o Grande Rio, em seu curso,
que separa a minha da tua mão.

Deixai, Senhor, que eu prove de teu cálice
na justa medida.
Não permiti, Senhor, que eu me embriague,
com tão forte vinho,
que já não entenda a Vida,
que já não veja o Caminho.

Sabeis que, em meu peito, há uma cifra,
uma mensagem.
Há que haver fôlego para entregá-la ao mundo
antes que chegue ao termo esta viagem.

Senhor, fazei com que meu nome seja Entrega,
sonhai comigo sem reservas, sem limites,
pois que tu sabes e, um dia, eu saberei,
que, sem dúvidas, serei
aquilo em que tu acredites.

Sentimentos

Se encontrares uma pessoa com sentimentos,
fica ao lado dela...
Como gravita, sabiamente, um planeta
ao redor de sua estrela.

Se encontrares alguém que sinta,
fica ao seu lado...
Apenas fica, atento e calado,
e tenta ver o mundo por seus olhos.

Alguém com sentimento é coisa rara,
excepcional produto da lei da evolução,
embora fruto previsto para a humana condição.
É visão serena de um mundo com nada a temer,
embalada pelos braços de um Mistério paterno e aconchegante,
eterno instante de paz.

Sentir seu Pai lhe permite ter real fraternidade,
Verdade, para os outros, tão distante,
mas, para ele, fato sólido e presente.
Fundado em verdade, o sentimento é uma joia,
tão sólida e brilhante,
sem máculas de egoísmos,
de um mundo esférico, sem picos nem abismos,
com todos os seus pontos
do Centro, equidistantes.

Se queres provar da paz,
encontra alguém com sentimentos,
e jamais tu voltarás
a ser o que eras antes,
após este encontro, este momento,
tão fora do tempo fugaz,
nos braços potentes do Mistério,
em Paz.

Serenidade

Suave espiral que cerca o eixo dos Mistérios,
convicção que exala senso e sentimentos,
certeza sólida, mas sempre em movimento
suave e etéreo,

que abre trilhas infindáveis pelo chão,
demarca o Dharma e traz a esta dimensão
a trilha estável e sempre móvel do Mistério.

Posse tão plena de si mesmo, autonomia...
De que outra forma ocorreria o movimento
de quem mergulha além do tempo e logo cria
cada momento?

Serenidade é achar em nós a solidez
Sobre a qual nosso Eu Superior se assenta:
Um prisma, que nos mostra um ângulo por vez...

Como saber denominar ao Deus interno
vendo uma face com que o Uno se apresenta,
o raio que ora vês, e não o Deus Paterno?

O Raio audaz do Deus nos mede, sempre em guarda,
por nossa garra, e o seu nome Ele concede
sua Vontade, ao que a coragem falha e tarda...

A Face em véus, do Amor, mostra a vitalidade
e ensina a semear, nos campos da bondade,
àquele que seu coração ainda ignora...

O Raio da Inteligência, incisivo,
brinda seus votos ao mortal atento e ativo
que esculpe em si o seu futuro desde agora...

Segredo herdado desde os mais remotos céus:
quando meu nome encobre e cala o real Nome,
e nega a sua própria honra, e se consome,
eu posso silenciar meu nome, e abrir-me ao Deus...

Abstrair do meu reflexo repentino,
com seus apelos e ânsias por afirmação...
sempre que o Dharma exigir minha atuação,
no palco, posso invocar rostos divinos...

Sei que inda hei de ver Aquele que é Sem Rosto...
Mas, até lá, eu manterei firme o meu posto
de interpretar, na minha dimensão do tempo,
a insondável e inspiradora Investidura...

Quando meu corpo for flexível, e a alma, pura,
o rosto interno há de aflorar, em minha face,
com os traços que desenha a Lei, na eternidade...

Então, sem mais enganos e sem mais disfarces,
minha alma, íntegra, sem tempos e sem grades,
sem divisões, males e bens, tão mais além,
há de exalar a suave luz: Serenidade.

Silêncio

Ouve, minha dor:
já não é teu tempo!
Lágrimas pesam
E salgam o caminho.
Basta, meu sangue,
De ferver e pulsar!
Não há álcool em ti!
Não nasceste para vinho.

Preciso urgentemente de Vazio...
Sinto saudades ardentes do frio,
Deserto noturno e nublado,
Vaga paisagem, repleta de Nada
Em todas as direções...
Pois até as estrelas incomodam
Quando são outras estrelas
As que necessito encontrar.

Já descobri que não sou grande nem pequena...
Penso que Sou, apenas...
Ou nem sequer isso?
Preciso ver essa certeza adquirida
Antes de outro compromisso
Qualquer, que possa haver com a Vida.

Basta das buscas febris, das correrias,
E da saudade interna, dia a dia,
Desse tal Ser, que eu nem sei se É,
Mas, se não for, terá que vir a Ser
E sem espera, a partir de Agora.

Um Ser sem pele, sem posses,
Que nunca arde nem anseia,

Que nunca sofre nem chora,
Que apenas Vê
E conta para mim
Para que eu diga esta palavra ao mundo.

Se não for esta a Palavra, que seja nada,
Que seja sóbria solidão calada
E só silêncio abissal, profundo.

Simplicidade

Minha mãe nunca deixou meus pés dormirem descobertos;
dizia que dava "friagem" e era gripe na certa.
Com essa teoria, preencheu minhas noites de infância
com o pontualíssimo ritual do puxa-cobertor,
sempre seguido de beijo e de "dorme com Deus".
Meu pai andava com foto minha, entre outras, na carteira.
Puxava a qualquer ora, em todo canto,
até mesmo em fila de banco,
e dizia: "Tá vendo essa aqui? é minha menina."

Minha vida esteve repleta de noites serenas,
nubladas, algumas, mas tantas cobertas de estrelas!
E, ao longo de tantas madrugadas,
raios tímidos e pálidos esgueiraram-se por minha janela
e, tocaram, suaves, meu rosto,
antecipando-se a uma aurora ainda mais bela.

Tantas vezes, tive que limpar meu rosto
de beijos de boquinhas lambuzadas.
Tantos cadernos cheios de rabiscos:
casinhas, flores e esboços de carinhas
com seta indicando: mamãe e eu.
Coisas tão doces quanto a gemada
que a mãe fazia, quando a gripe, que é matreira,
dava jeito de encontrar o pé da gente
no meio das cobertas, noite adentro.

Tantas coisas tão doces e belas,
e eu jamais me permiti amá-las
da maneira que faziam por merecer.
Tantas vezes desprezei o humilde amor humano
numa ânsia fantasiosa de grandeza,
quase insana, para alguém que é tão pequena.

Incapaz sequer de perceber
que o presente também é divino,
confundindo virtude e vaidade,
ansiedade com esperança,
lançando-se em um abismo
entre aquilo que abandona,
e o que, distante, ainda não alcança.

Aos Deuses, que são o que são
por estar onde lhes corresponde,
eu peço que ativem meus olhos,
que sempre pensei estarem abertos,
pois meus pés estão descobertos
e chegaram a resfriar o mais fundo do meu coração.

Não sei se haverá mel de abelhas
que volte a adoçar minha vida.
Talvez chá de alho, forte, com limão,
que expulse o vírus da vaidade,
dando lugar ao singelo amor humano
neste meu coração.

O amor que sabe ralhar e dar palmadas,
mas que é maior do que a zanga, e prevalece.
Puxa pro colo de novo, afaga e esquece,
pequena chama que jamais se apaga.
Esse que sabe correr para a janela,
à toa, às vezes, por nada,
e pegar de surpresa a mais bela
e misteriosa madrugada.
Que colhe flores de um jardim qualquer
e põe para enfeitar a casa.
Que espera a primeira estrela
para fazer-lhe um desejo.
E não sai de casa sem dar beijo
ou dedicar um doce sentimento
até mesmo aos seres invisíveis

que também habitam nela.
Que converte, enfim, em beleza,
o viver simples de cada momento.

Aos Deuses, eu peço, enfim,
que apurem minha vista,
pois nem mesmo um mar de lágrimas
teve êxito em fazê-lo,
e meu pranto acabou por converter-se
em úmido espetáculo egoísta
de quem não crê que, de fato, o amor exista,
e de quem pensa demais na própria dor.

Destilar toda a avalanche dessa dor
em uma gota de simplicidade,
e terá valido a experiência.
Fiel ao meu pedido inicial,
de não reerguer-me, senão maior que antes,
com uma gotícula de visão da essência,
de compreensão da condição humana,
de uma sólida, ainda que ínfima
parcela de sábia maturidade.
Qual base firme que me torne capaz
de ter e dar amor, e nada mais.
Arte e requinte dos homens sensatos,
que, com o pouco que lhes coube, erguem edifícios,
e, do exercício de sua sóbria sensatez,
acabarão por destilar, um dia,
algumas gotas de real Sabedoria.

Solilóquio

Pela estreita janela, em frente ao leito,
ela alcançava ver uma mangueira
pesada de verdes frutos.
"Carregadinha, olha só!", e sorria...
E a consciência, de novo, já fugia.
Talvez cansada de admirar a vida,
ela, que era só um fio, adormecia,
até o dia em que não mais aqui voltou.

Penso que, mesmo no verdor da vida,
sua consciência jamais venha a ter sido
nem mais nem menos do que isso: só um fio,
que, agora, foge, desapercebida,
e deixa um corpo abandonado e frio.

Eu, mergulhada num tumulto, em pensamentos,
silêncio fora e só ruídos dentro,
busco também a Vida, a Voz e o Vazio,
enfim,
eu busco o fio,
que espera a hora de acordar, em mim.

Senhor, que mundo estranho e pouco desbravado
o Teu caminho...
É mesmo assim, essencial e necessário
trilhar sozinho?
Depois de ouvir teus tradutores, vários,
é natural
a Tua Voz, ainda decifrar tão mal?

Senhor, tende compaixão...
Leva de mim o que não és Tu,
e que me deixa em solidão tão povoada,

e que, de fato, nem sequer existe,
pois que, aquilo que não és Tu, não é nada.

Leva de mim o eco ensurdecedor,
e o estranho hábito de estimar a dor,
na vaidade fútil e dual
de amar o bem e de flertar com o mal.

Senhor, dá-me estar contigo,
a sós e plena, não mais que contigo,
e, em ti, viver e saborear a Solidão tão pressentida...

Senhor, dá-me enxergar as mangas verdes desta Vida,
e libertar a consciência asfixiada e reprimida,
que não alcança amadurecer.
Senhor, faz que eu alcance o fio que flutua,
e que ata firme a minha vida à Tua...
Senhor... desperta em mim o Ser!

Sondando os segredos do Amor

Talvez haja mais do que a profusão de suaves sensações
tão doces e belas como só sabem ser as manhãs
a justificar as reais razões pelas quais eu amo.
assim quero crer, pois, a mim, parece ser muito mais.
Sabe lá se não persiste a presença da ilusão
que sempre rondou incansavelmente o coração humano...
mas, por muito intensa que chegue a ser sua expressão,
ainda sendo assim, isso, para mim, parece bem pequeno.
Sinto-me qual fosse a estranha viajante de um mundo fugaz,
tingido em cores tais que se descolorem progressivamente.
Onde o que penso e o que sinto quase sempre mentem,
e aquilo que vejo, ante os meus olhos já se desfaz.
Eu rastreio um mundo de fria luz, um mundo vazio,
Busco um Oceano de uma vazia serenidade.
Como um denso mar onde cessarão todos os desejos,
onde o que vejo é definição e absoluta paz.
Quero achar o rastro, o sutil segredo que abre esse portal
E compartilhar minha ânsia crescente de estar com Deus.
Não posso ofertar um amor de alento, um amor banal,
Onde minha carência e outras carências calem um momento.
Não quero que seja o meu amor para o esquecimento,
mas uma lembrança que nos motive a estar sempre despertos.
Quero estar com os meus, mas unida aos meus, não apenas perto.
Despertar minha alma e somar a outras em um Atanor,
e assim, conquistar parte do mistério da Unidade.
Pois só como a gota do Amor Maior, com Beleza e Verdade,
é que eu compreendo a real natureza do meu Amor.

Sonhos

Um dia, nascem,
noutros, fenecem...
Fugaz passagem,
pois pouco é o preço
pago ao acesso,
desejado e abandonado ingresso,
enquanto
divertimo-nos em prantos
ou em risos, tão iguais...
O Sonho é sério:
exige riso e lágrimas reais!

Contraditório mistério:
quero o Ser... e já não o quero mais.
e, entre o "quero" e o "não quero",
o Sonho vaga sozinho
enquanto buscamos o ninho
do conhecido,
ainda que estreito e banal
seja este leito.

Já não quero o Sonho, não,
pois sinto medo!
Ele me expõe, revela o meu segredo
do que poderia ter sido!

E assim, o Sonho é esquecido,
navio fantasma,
errante e frio,
sombrio viajante.

Mas, feliz ou infelizmente,
às vezes, os Ventos do Norte

aportam de volta, em minha mente,
a inconveniente memória...

E transpiro, agitada, na noite,
ao sonhar com vozes repetindo,
ruidosas, qual mar, que, bramindo,
vai cantando um esquecido mundo: Glória!
um clamor tão dolorido e fundo: Glória!

Sonhos e anseios
do meu Amor

Quanto mais te tenho, mais te quero,
Numa infindável sede da tua alma.
Se sinto e penso, sonho, ardo e espero,
Quando os maus ventos ou as marés calmas
Retardam o encontro deste novo mundo,
É que o profundo anseio do meu peito
Já não aceita pausa ou adiamento
Espera ardente o especial momento
De estar contigo tão profundamente
Que já não haja morte ou esquecimento,
Qualquer fronteira entre o que sinto e o que sentes,
Qualquer barreira ou véu que nos divida,
Ou que iluda, levando ao fim a vida,
Pois que não há fim na Vida verdadeira.
Se é nos teus olhos, sempre, que a minha alma
Pode encontrar-se e ver-se, refletida,
Se há só uma alma, por que há duas vidas?
Se há só uma vida, por que te perderia?
Envolto em véus, meu coração duvida,
Pois que não vê ainda, mas confia
Em que haverá o tempo, virá o dia
Em que verá tão clara e límpida a verdade,
Que bailará, repleto de alegria,
Que expressará, na mais pura poesia,
O teu mistério e o meu, na Unidade.

Síntese

Para Regina Simone.

Tenho o fio em minhas mãos, busco entendê-lo,
apartado do original novelo,
cortado bruscamente.
E dançam vida e morte em minha mente
ao deslizar o desgastado fio
em mãos ansiosas e braços vazios,
como se algo deles fora arrancado.
Passado vago de significados
se limitado à mente e à emoção.
Mas me recuso veemente aos seus limites,
da pobre máscara sem cor e envelhecida.

Sensível ao convite da Vida,
acima, onde há luz e ar puro,
acima, onde existe futuro
e ao Centro, onde existe Verdade,
aos pés do Senhor da Unidade,
local sólido e real,
relativizo o mal
e já diviso
as fronteiras além da ilusão,
além da mente, rumo ao centro-coração,
ao forno alquímico que extrai o permanente
e que transmuta em Confiança toda a dor.
E o ser humano, sofredor confuso,
devolvendo o fio ao seu fuso,
dá à luz ao sóbrio servidor do Dharma.
Dessa ciência, extrai ele as suas armas
e das vivências, a sua identidade,
da dor à ação, do vazio à Vontade,
do quadro frio da criação ao Criador.

Terra Mater

Ó Grande Mãe, teu é o dom da vida,
nave terrena que minha alma habita,
divina dádiva que a navegar incita
os homens rumo à Terra Prometida

Em ti é que meus sonhos tomam forma,
que abro caminhos, ergo meus castelos;
por tudo isso é que busco, ó Mater,
tornar-te palco do Nobre e do Belo.

Quando desperta em mim a alma que porto
e faço jus, enfim, à tua herança,
faze-me mãe, também, trazendo à luz
homens que vagam em vão, sem esperança.

Magia antiga, divina Alquimia,
Doação, justiça, amor-sabedoria
são ingredientes dessa poção materna,
a um tempo, amarga e doce, dura e terna.

És minha inspiração e, por onde ande,
sobre teus passos farei minha trilha,
que me permitirá, mais que tua filha,
ser a pequena mãe de Homens Grandes.

Triplo Logos

Diante da força dos homens que moldam o mundo,
ao ver o valor desses homens que criam seu mundo,
deixei-me contagiar pela grandeza de seus sonhos,
sem alcançar, porém, entender todo o valor do raio que me cabe,
pois só quem sabe do amor pode julgar o poder que ele detém.
Quem não sabe, julga-o frágil ferramenta
diante da forja de nossos irmãos construtores.
Quem não sabe o amor empunhar, julga-o pobre
em vista de nossos irmãos, que empunham a espada.

Mas nada que busca a luz permanece nas trevas.
Aquele que arde na ânsia ideal abre estradas,
sente o Sol sobre sua pele,
sente a luz que lhe aquece,
desperta a cada alvorada,
dialoga, enfim, com o Logos
latente dentro de si.

Assim, no logos do amor-sabedoria,
pude perceber, enfim,
o coração energético que pulsa em todos os peitos,
anima todos os corpos
e habita dentro de mim.

Vi o coração que se esconde
por trás da palavra coragem.
Vi a poderosa Vontade plasmar-se
em vontade de amar pela eternidade.

Ouvi, no pulsar dos martelos,
o ritmo do coração-amor,
da união que move a roda,
batizada em seu suor.

Ouvi o canto de nossos cavalheiros...
Ouvi-os louvar o amor
que os acende qual tocha na noite sombria.
Vi-os moldar, com amor,
o prana que paira no ar,
erguendo um novo sonho a cada dia.

As Damas também dão batalhas
em prol da mais nobre das causas.
Também sabem do suor,
tributo de sua energia
em aras de um sonho maior.
Mas, a bordo de sua barca,
munidas da mais pura prata,
para compor com esse corpo,
aportam com seu amor.

A prata é a pureza do branco
unida ao generoso brilho,
que nada retém de sua luz,
espargindo-a ao seu redor,
dando sempre o seu melhor,
qual a mãe faz com seus filhos.
Se pulsa o Coração da Dama,
eis nossa missão cumprida.
Pois, se pulsa o grande peito,
marcha o Corpo rumo à Glória,
as Mãos movem a roda da história
e o Homem Novo, enfim, ganha vida.

Um sentimento em três estrofes*

Não é o amor aquele que possui a alma
sem piedade, senso ou pudor.
O te traz a lucidez, a paz e a calma,
e que te invade a alma com luz, este é o amor!

Não é o amor aquele que finda e arrefece,
e que magoa e fere, em seu estertor.
Mas o que o tempo aquece mais ainda.
e nos confere asas lindas... É o amor!

Não é o amor o que acomoda, o que devasta,
mas o que arrasta para o alto da colina
e te permite ter uma visão divina:
quem podes ser, qual tua missão... Este é o Amor!

*Baseado no poema "Um pensamento em três estrofes", de Antônio Muñoz Feijó.

Vagos Acordes

Como vagas harmonias
de um fundo musical
que acompanha minha vida,
canção lembrada e esquecida
ocasionalmente,
os sonhos vêm à minha mente,
não no sono, não na ausência,
mas na plena lucidez
da minha consciência,
sem brumas ou fantasias,
mas em plena luz do dia,
vislumbre do viver e da verdade,
pois o sonho jamais mente.
Meus sonhos são, certamente,
meu momento de maior realidade.

Valerá...

Valerá
tudo o que somar
para compreender e servir melhor
à Vida.
Seja sorriso, seja lágrima vertida,...
valerá.

Somará
tudo o que desatar meus braços
e libertar meus sentidos internos.
e que me encaminhar desde o dual
ao uno e eterno,
servirá.

Não sei dizer
o que me traz a dor
Mas sei que ela será bem-vinda
se me encaminhar do que não sou ainda
ao que serei.

Só sei
que tempo haverá em que este tempo
tão duro e sofrido
será sagrado, será relembrado
qual tempo áureo, pleno de sentido,
rico em significados.

E eu vibrarei,
pois que vibrar é sempre importante
quando se alcança ouvir, finalmente,
a Canção da Vida,
tão esperada.

E jamais duvidarei,
pois a canção, uma vez que é ouvida,
não se esquece, não pode ser removida,
vira certeza, vira célula da alma.

E saberei
que a tua e a minha dor, e toda a dor do mundo
decanta em precisão e age, intensa e suave,
desperta em voz de um outro corpo, voz da Ave
que arremete e traz dos céus o que dizer.

E eu direi...
E ouvirás, e ouvirão alguns, contigo,
e a alma se derramará no que eu digo...
Talvez o fecho, o arremate da minha obra
virá então: a plenitude daquele a quem nada sobra
e nada falta, ao chegar seu dia:
Harmonia.

Valkíria

Plástica e variável é a máscara
que oculta minha verdadeira face.
Ninho de contradições, essa película
que amo utilizar como disfarce.
Ora aspira à harmonia e à beleza,
ora as despreza.
Ora busca a estética perfeita,
ora a rejeita.

Sufocada em meio a tanta turbulência,
fui à quietude do meu coração.
Esta questão, que trago de tão longe,
ousei encaminhá-la à minha essência.

Com a busca interminável da ideia da beleza,
contrasta a negação de suas vulgares expressões.
Qual seria, então, a beleza que busco,
que ronda, incansável, os meus sonhos,
que arde a minha alma por sua ausência?

Ocorre-me, então, tua lembrança,
e, em meio à quietude e ao silêncio,
mergulho a fundo em um outro mundo,
no mundo dos sonhos,
e é lá que vou ao teu encontro.

Na vasta planície imaginária,
correndo em direção ao sol ardente,
altivo seu perfil, contra o horizonte,
eu vejo a Valkíria legendária.

Cabelos ígneos de seu Pai Etéreo,
avança, nobre filha de Odin.
Ao longe, seu pai lhe abre os braços,
porto final da vida e seus mistérios.

A regularidade de seus traços,
a determinação de seu olhar,
a firmeza da mão, para domar
o seu corcel bravio em forte laço.

Em sua mágica cadência,
pelo coração marcada,
não percebe os obstáculos,
solidão, abismos, nada.

Contigo vivi meus momentos de glória
nessa região nebulosa do sonho.
Em alguns instantes, raros e fugazes,
ousei tomar para mim a tua história.

Vi o mundo com teus olhos,
toquei-o com tuas mãos.
Em mim, o teu coração
batia firme e seguro.
Em minha e tua pele ardia
o calor que irradia
do pai, quase ao nosso alcance.
Tive a chance de sentir,
rolando pelo meu rosto,
as minhas, as tuas lágrimas
pela merecida Glória.

Mas sei que há tempo para os sonhos
e tempo para conquistar os sonhos.
É no momento da conquista que ora me encontro,
olhando o horizonte, agora tão distante...
E se meus olhos se enchem de lágrimas,
já não é a ardente Glória o que sinto,
mas um estranho sentimento,
espécie de saudade
de um mundo que ainda não construí.

Verão – Poemas das Estações

Verão
voragem de vida
que, com luz, varre a terra: bem-vinda!
Onde o impulso dos ciclos se finda
e imprime suas marcas no chão...

Veraz
projeção de ideias no mundo,
mandamento que ordena e ilumina,
como fosse a própria mão Divina
que se estende aos dedos de Adão.

Veremos
nosso solo irradiar e arder,
em seu cume de brilho e poder,
aquecendo a quem deve aquecer:
os diletos frutos da estação.

Veloz
vai quebrando a inércia humana,
semelhante ao audaz caçador
que contempla a desnuda Diana,
soberana em Beleza e Valor,
Natureza.

Valeis
como um prêmio aos que hão semeado,
como um sonho, num mundo gelado,
que nos fez prosseguir, caminhando,
mesmo imersos em tal escuridão...

Valemos,
pois aqueles que aqui estamos,

conquistamos tua luz e calor,
e, por nós, em um ato de amor,
ofertado a um tempo vindouro,
outros homens de ouro... Verão.

Via Aérea

No aeroporto, vejo uma criança
nos braços do pai.
Braços pendentes, tão segura e solta,
ela descansa.
Mas, de repente, eis que ela desperta,
e vem e vai,
e corre e dança.
Algumas vezes, o pequeno cai,
e então, o pai o ergue e socorre.
Secando as lágrimas, bem rápido se vai,
esquece a dor, e já de novo corre...
Apenas uma criança...

Assisto à dança que se repetia,
mas fez-se turva a minha visão
diante dessa curiosa coreografia...
Pois os meus olhos, imersos em lágrimas,
de tanta dor por correrias tantas
e tantas quedas em vão,
procuram, a esmo, um pai que as console
neste saguão.

Apertar cintos, partir adiante,
deixar para trás o chão e a paisagem conhecida.
Fechar os olhos e apenas planar,
partir em busca de recomeçar
uma outra vida.

De olhos fechados, imagino, então,
que o que, de fato, me eleva do chão
são os braços de meus Pais.
Braços seguros que me levam a um lar,
e, a mim, coubesse apenas flutuar
e nada mais...

Que assim seja, Senhor que me embala
hoje em teus braços.
Não levo mais que a confiança em ti
em minha mala.
Posso correr, dançar e rir até,
na mais completa segurança e fé,
pois vês tudo o que faço.
Nunca estarei distante o suficiente
para que não possas tomar-me, de repente,
e estreitar-me de novo entre teus braços.

Viajante a Esmo

Como um viajante que, perdido,
para, de repente, em meio à estrada,
vê que já não lembra de mais nada...
dessa viagem...qual o seu sentido?

Assim passa sua vida a humanidade,
assim também seguia o meu caminho,
sem jamais lembrar de minhas origens,
sem reconhecer o meu destino,
sem compreender o que é o Divino,
solto, a esmo, amargo e sozinho.

Árdua opção aleatória...
Árdua forma de escrever tua história
esta de marchar de olhos vendados
pela ignorância e o egoísmo.

Podes prosseguir rumo a outro passo,
mas é com pesar que me despeço,
sem certeza que outra vez te veja,
pois podes estar frente ao abismo.

Vitriol*

Vê: nesta caixa que ora mostro há uma pedra.
É joia única e preciosa, sem similar.
A caixa não tem aberturas,
não pode exibir sua alma pura,
mas sente que ela ali está.

O mais incrível é o quanto a caixa é consciente
deste tesouro especial que habita nela,
e, ainda sem ter aberturas ou janelas,
ela é consciente de que a pedra é fragmento
da Grande Pedra que há no Centro do Universo,
como a Beleza, ao transbordar, na vida, em versos,
como a Bondade, ao derramar-se em sentimentos...

A caixa honrará a missão de revelar,
transparecer o conteúdo em sua forma.
Seguindo a lei, o Dharma necessário, a norma,
faz instrumentos para urdir sua vestimenta,
e tece amor, discernimento e a justa ordem,
a boa-fé, a precisão e o olhar atento.
Da aspereza de sua pele sem beleza,
alcança a cura, a tecitura, o ornamento.

A ação que a caixa executa é exemplar,
pois é um alerta, um sinal de despertar
para outras caixas, rumo ao próprio conteúdo:
o nome interno, sem igual, que expressa tudo
de precioso que, aqui, deve ser dito:
o mais sublime, o mais real... o mais bonito!

Sua meta é corresponder, estar à altura
da essência, sempre tão secreta e tão pura.
Só então, a vida lhe dará a marca, o selo

do bom invólucro e portador fiel,
merecedor de um tesouro assim tão belo.

E a marca se traduzirá ao bom leitor,
e a caixa há de nos expor este letreiro
que a grava na história e atesta seu valor,
de bom receptor, vitrine bem polida
que agrega à vida um segredo além da vida,
um segredo sem idades:
DIGNIDADE.

* Vitriol: "Visita o interior da terra e, retificando-te, intuirás a oculta lápide." A lápide, ou pedra filosofal, é um símbolo alquímico, assim como o próprio termo "Vitriol".

Votos

Aqui me posto ante teu berço
de homem-lótus, recém-desperto.
Faço meus votos por teu destino,
voo de águia a céu aberto.

Que haja saga, que vibre o sangue,
e que teus sonhos apenas somem
não aos prazeres que o homem prova,
mas às virtudes que provam o Homem.

Que a vida vaga, vã e inerte
em puro ardor seja convertida,
por tudo aquilo que a Vida verte,
e não àquilo que inverte a vida.

Que pises forte, que tenhas fibra,
e que teus frutos sejam entregues
jamais às sombras que cegam a alma,
mas sempre às luzes que a Alma segue.

Faz a oferta de teu esforço
toda vitória e a vida em si,
pois toda a obra que de ti nasce
é dos que nascem através de ti.

Se o tempo esgota e pouco te sobra,
e, por apego, temas, resistas,
liberta a obra, qual nobre artista...
Vê que és o artista e a própria obra.

Votos para o Ano Novo

Volta o tempo de novo a rodar
e retorna ao ponto de partida.
Chega o tempo de contar
mais um ciclo em nossa vida.
Tempos de reflexão,
de trazer o passado ao presente,
de avaliar a ação,
constatar o consistente,
descartar o peso vão,
consultar o coração,
delinear o futuro,
embalar nossos presentes,
dedicar a quem amamos
o que temos de mais belo e puro.
E, então, tu me vens à lembrança.
Quero, pois, te dedicar
minhas melhores esperanças.
Que, algum dia, no ano novo,
tu ouses deter tua ação,
por minutos, bloqueie os sentidos
e apenas preserve os ouvidos
para ouvir pulsar teu coração.
Que a marcha que ele te informa,
harmoniosa, constante e definida,
reflita-se sobre tua vida,
modele em ti uma nova forma.
Que detenhas uma vez teu olhar cansado
e o fixes, sem pensar, em um só ponto.
Verás, então, que toda a Humanidade
virá, nesse momento, ao teu encontro,
posto que todos se encontram na Unidade.
Que te protejas das ideias obscuras
preenchendo tua memória com beleza,

com as grandes máximas, com as Leis da Natureza,
chave ideal para tornar tua mente pura.
Que preenchas os espaços tão vazios,
em que divaga em coisas vãs o pensamento,
em relembrar tudo o que é nobre e que é sadio,
que sacralizes alguns de teus momentos.
Que te dediques, com tua energia,
a algum serviço nobre e altruísta.
Maior antídoto para a vida vazia,
pois cura a alma e depura a vista.
Que te construas, enfim, qual edifício,
com bases firmes, verticais, cortando o espaço.
Em um labor contínuo, passo a passo,
com as ferramentas do amor e o sacro ofício.
Que tenhas paz, enfim, paz de quem luta,
serenidade em pleno movimento,
eternidade por trás de cada momento,
presente intenso e ação eficaz.
Que guardes bem, além de tudo, a tua Estrela,
que não te esqueças da luz que ela projeta.
E, mesmo sob um céu nublado, lembres dela,
que ames a Luz e encontres nela a tua meta.

Várzea

Nem rio e nem terra seca;
um pouco "de um e do outro",
tal como diria Platão.
A várzea é, às vezes, vazia,
e, às vezes, é rica em frutos,
nos dias da nova estação.

Em meio a águas ágeis e turvas,
vive algo, imerso em sombra e solidão.
Pois, neste presente, inundado
de expectativa e peso do passado,
há que lutar para manter íntegro o grão.

Se a água infiltra e fertiliza,
bem mal se divisa, agora.
Só vemos que o Tempo desliza
por tempos em que a terra chora.

Um dia, doar.
Sobre a fome dos homens, jorrar
o intenso e pleno alimento;
seriam as dores dos demais momentos
só o preço pago ao parto, ao germinar?

Várzea da alma,
que sempre vivo, um tanto aflita, um tanto calma,
se és o que sou e o compreendo, eu o aceito,
pois, deste húmus, que cultivas em teu leito,
já floresceram "babilônias" e "egitos".

E, ainda que pobre e humilde para tanto,
será através deste teu fértil pranto
que narrarei ao tempo o meu próprio mito.

Voo

A N. Sri Ram.

Quem me dera a pureza necessária
para deixar para trás legítimas pegadas,
e que o sagrado caminho que me é dado
sempre estivesse iluminado, pleno em Vida...
mas, quando penso, gero sombras refletidas,
pois que não é o Eu que pensa ou que sente,
mas o seu cárcere, sempre tão presente
nos velhos traços deste espaço, convertido
em meu espelho,
ciclicamente.

Neste momento, sonhado e tão fecundo,
portal ou fresta entre o Eterno e este segundo,
a Alma nega o tempo e cria a trajetória,
vislumbra um Dia eterno, e aos ciclos desafia,
nega o egoísmo e rasga o véu que a cega,
supera o abismo e ao pleno voo se entrega,
calando as vozes da memória e do futuro,
plausível meta para quem sonha ser puro.

Nesta tão palpável eternidade,
na vizinhança da visão, da esperança,
quase a roçar algo do rosto da Verdade,
ainda que com toque tênue e fugaz,
o tempo morto se interpõe em minha porta,
mostra-me a torpe prisão-identidade
que volta a velar meu olhar
e,como um lastro, me arrasta para trás...

Vejo, porém, que não se cala o coração,
na ambição de alçar seu voo, ao final,

na negação total do porto em que se ancora,
miseravelmente atado,
para tocar, fazer vibrar cordas da lira
deste mundo manifestado,
deixando marcas, pegadas ascendentes,
deixando marcos para serem alcançados.

Busco encontrar sempre teu rastro, teu presente
o qual me cabe velar, como uma chama
tão luminosa, nas mãos de uma Vestal,
que apenas um coração puro o alimente,
que não se envenene com vícios
e não exija de outro Mestre o sacrifício
de construir e embalar outro presente,
brilhante e promissor, em seus inícios...

...mas condenado na luta permanente,
em outros ciclos de dor e glória igual.

À Virgem

À Dama pura e incólume
que sempre adornou os altares.
De semblante claro e límpido,
que comove e atrai os olhares...
Esses olhos, que, às vezes, em lágrimas,
elevam-se e buscam entendê-la.
Sempre tão serena e grandiosa,
sempre pura, luminosa e bela.

Ave, Mater que irradias o Divino,
envolta pela luz do Espírito,
em entrega doce e plena.
És Império do Ser sobre as sombras,
és Poder, e te mostras serena.
Em teu altar, firme e equilibrada,
tão segura daquilo que és.
De que serves ao Pai, e mais nada...
e o Universo se curva aos teus Pés.
As tuas vestes tão brancas, sem máculas
de dúvidas ou de incertezas,
e o dourado da Luz te coroa
e adorna tua pura beleza.
Tão atenta, velas pelo Filho,
alimentas toda a Criação.
Como Grande Mãe, compassiva,
acompanhas seus passos incertos.
Estás sempre ao lado da Vida,
e a abrigas nos braços abertos.

Grande Mãe, olhai por tuas filhas
que ainda não se trajam de branco.
que não veem o serviço ao Divino
como a joia real de suas vidas.

E se adornam com outras mil joias,
e que anseiam outras maravilhas.
E que buscam o seu próprio brilho,
envolvidas em veste ilusória,
e que brincam com as rédeas da vida,
insensíveis à dor de seus filhos,
iludidas, sedentas de glória.
Tantas vezes, nem mães, só madrastas,
tantas vezes, de corações secos,
tantas vezes, de braços cerrados,
tantas vezes, cruéis, sem memória.

Ave, Mater, cujo peito é qual uma fonte,
tu que encarnas o Amor e a Humildade,
pois é apenas com a Luz do Pai que brilhas
e a refletes sobre a Humanidade.
Tu que serves, de forma tão perfeita,
fala sobre a pureza a tuas filhas.
Ensina-nos a tecer o manto branco que tu vestes,
ensina-nos a despir as nossas cores, tão sombrias...
Conduz-nos a deixar a noite escura de lua nova,
aprendendo a trilhar a rota em prata que tu crias.
Plenilúnio Tu és, e que assim sejamos nós,
coroadas também pela Luz do Pai Celeste,
adornadas, no mais íntimo altar de nossas almas,
pela inspiração da Virgem Mãe de brancas vestes.

Às Mulheres

Multidão de pó de estrelas...
Nunca as vi tão belas!
Multidão de sementes de estrelas,
E eu me faço, em meio a elas.
Genética pura de estrelas,
O que revelas?

O espaço é labirinto,
E o fogo, sempre entre meio ativo e meio extinto,
Registra trilhas em suas espirais.

O tempo é imperfeito,
E a eternidade, cravada em humano peito,
É incapaz de repetir trilhas iguais.

Mil ânsias de ascensão, vertiginosas,
Guardam em si essas filhas de estrelas,
Ébrias de intenso aroma de rosas.

Da sede imensa por servir à Vida
Elas são construídas,
ardentes e laboriosas.

Quem ilumina o mundo, senão quem serve a estrelas?
Quem lança luz sobre as brumas
E as exibe, profusão de formas belas?
Quem as revela?

Vida é luz, e vida tem suas emissárias
Vindas de trajetórias várias
Mas rastreando um só destino.

Vida é valor, e vida tem suas servidoras,
Da vertigem do amor, doadoras,

A conjugar o que está separado,
A desvendar o oculto coração divino.

A quem interesse saber
Sobre o mistério do que é uma mulher,
Que saiba rastrear pó de estrelas, e,
Com a perícia e a paixão requerida,
Que saiba ver quem abre sendas para a Vida.